子どもたちよ！

きみに伝える私の戦争

中日新聞編集局編

まえがき

二度と戦争をしないために、させないために

半世紀近く前、『戦争を知らない子供たち』というフォークソングが流行しました。当時中学生だった私も戦争を知らない子どもでしたが、のちに東欧の民族紛争を取材し、すこしだけ戦争を知りました。空爆や対空砲火を間近で目撃し、足がふるえました。敗残兵におしいられて家族を殺された男性に、むごい現場を案内されたときは言葉を失いました。昨日まで仲良くしていた隣人どうしが民族のちがいだけで突然憎みはじめ、一方の家が焼きはらわれた現場も見ました。

民族の対立や戦争とはこういうものかと慄然としながら、「日本人でよかった」という思いも脳裏をかすめました。現代の日本では考えられない光景だからです。

でも、思い直しました。日本にも戦争の時代があったのです。1945年までの8年間続いた日中戦争や太平洋戦争では、日本人だけで300万を超える人が亡くなりました。アジアの人たちに

も多大な犠牲を強いました。戦争の惨禍を深く反省した日本は、不戦を誓う新憲法のもとで、平和で豊かな社会をめざしてきました。自衛隊は海外で一人も命を失うこともなく、一人の命を奪うこともなく、歩んでくることができたのです。

とても誇らしい軌跡ですが、日本は別の歩みをはじめようとしています。安保法の成立で自衛隊は海外での武力行使が可能になりました。長い時間がたち、戦争の記憶がうすれてきたのが大きな理由のひとつでしょう。戦争を体験した人は年々少なくなっています。

そうであるのなら、戦争を知る人たちが元気なうちに、体験や思いを語ってもらおう。戦争とは一体どんなものだったのか。それを大人だけでなく、未来に生きる子どもたちにも伝えたい。今がほとんど最後の機会だ。

そんな思いから、中日新聞は戦後70年をひかえた2014年8月16日から「子どもたちよ！ 2015 私の戦争体験」をはじめました。100人のお話を一人ずつ、この8月まで計100回掲載しました。最後には新たに100人の体験を特集で一挙に紹介しました。あわせて200人、さらに紙面で紹介した6人のお話をくわえてまとめたのが、この本です。

出征。空襲。戦場。沖縄戦。特攻。原爆。シベリア抑留。引き揚げ…。数多くのテーマで体験者は具体的な記憶を語り、当時の気持ちや今の思いをさまざまに語っています。

教科書では戦争を歴史の一項目として鳥の目のように上からながめます。そこではひとりひとりの生身の姿はなかなか登場しません。歴史を言う英語「Ｈｉｓｔｏｒｙ」は「Ｈｉｓ　ｓｔｏｒｙ」とも読めます。「彼の物語」とはひとりひとりの物語です。「子どもたちよ！」は歴史のすみに埋もれがちな無名の元兵士や市民に焦点をあてました。「神々は細部に宿る」という名句があります。戦争の真実は、実際に戦場に立った兵士や空襲を逃げまわった市民の記憶にこそ宿っているのだと思います。

「感覚がまひしていたというのは、今だから言えること」と述べた方がいます。軍国主義や言論統制の時代であったにせよ、多くの日本人はごくまっとうな生活を営んでいたはずです。そうした国がいつしかあの戦争につき進んでしまいました。私もあの時代に生きていたら、やはり「お国のため」の国民であろうとしたと想像します。

つまり、私たちはまた誤ることがあるのかもしれない。だから、よく聞いてほしい。そうした思いから、これだけ多くの方が戦争の実相と不戦の願いを語ってくれたのではないかと思います。本書を読んで、戦争を知らない子どもたちが、少しでも戦争というものを想像してくれればと思います。そして、ずっと戦争を知らないですむためにどうしたらいいのかと、考えてもらえれば幸いです。

つらく重い体験を語っていただいた方々に心から感謝を申しあげます。

中日新聞編集局長　臼田信行

「子どもたちよ！」　目次

・体験者の年齢は新聞掲載当時のものです。
・本文中のイラストは、体験談をもとにおこしたイメージです。

戦争やる時代じゃない

松本零士さん（77）

「敵がきたら、これで刺しちがえて死ぬのじゃ。おまえも侍の子じゃけん、覚悟せい」

1945年8月15日。川遊びから帰ってくると、祖母が玄関に正座していました。手には伝来の日本刀。凜とした姿で打ち粉をふっているんです。7歳だった私は言葉の真意がわからず、きょとんとしていました。祖母は武士の家系。いま思えば一家で自決する気だった。まさに落城のありさまでした。

私は福岡県の久留米生まれ。戦時中は航空士官（①）の父について埼玉県や兵庫県を転々とし

子供たちよ!!
命は生きるために
産れてくるものだ
「死ぬために産れてくる
命はない!!」
その命をささえるものは
夢だよ!!
2015.7.28.
松本零士

©松本零士

まつもと・れいじ

本名松本晟。マンガ家。1938年、福岡県久留米市生まれ、77歳。高校1年のとき、雑誌に投稿した『蜜蜂の冒険』でデビュー。代表作に『銀河鉄道999』『宇宙海賊キャプテンハーロック』など。74年から放送された共同著作のアニメ『宇宙戦艦ヤマト』では監督、キャラクターやメカのデザイン、各話の構成をてがけた。

ました。父が南方（②）に行った戦争末期は、愛媛県の大洲にある母方の実家で暮らしていました。

終戦の前日。B29爆撃機（P.90参照）の大編隊が山を越えて飛んできました。高台にのぼると、機体は見えないのに「ゴーッ」と音だけが聞こえるんです。するとグラマン機（③）が木をくぐるような低空飛行でこっちにむかってきました。操縦席でまっ白な服のパイロットがニヤッと笑うのが見えました。

父が帰ってきたのは終戦から2年ほどあと。優秀なパイロットでしたが戦果をいばるようなことはありませんでした。「相手にも家族がいる。撃墜ボタンを押すのを一瞬ためらったこともあった」と。なによりつらかったのは「指揮官として特攻隊員（④）を選ぶことだった」と言っていました。父に「ぼくがアメリカをやっつける」と言うと「そんなことを言うやつがいるから大勢の血が流れる。戦争はふせぐもので、してはならんのだ」とひどく怒られました。

『宇宙戦艦ヤマト』の沖田艦長は、そんな父をモデルにしました。

思春期をすごした小倉（北九州市）では敗戦の屈辱をいやというほど味わった。こっちは腹がへっているのに、米兵がトラックの荷台に立って肉の缶づめを食べて見せるんです。あめ玉をばらまかれても、意地でも拾わなかった。ボロげたでふみつぶして歩きました。

占領軍（⑤）がいる混乱の中で育った少年時代。この時期に、マンガで人を描く土台を学びました。人それぞれに思想、宗教、信条があり、民族感情も異なる。それぞれが対等であり、戦いの場面でもさげすむような描きかたはしません。

もはや人間同士が殺しあいをやっている時代ではないんです。温暖化のような地球規模の問題にとりくまないと。『ヤマト』では「地球の滅亡」という言葉を使いましたが、そうならないのが私の願いです。

1章

怖(こわ)くてひもじい毎日だった

勝ち負けより怖い思いだけ

黒田孝司さん（76歳）名古屋市中川区

3歳のとき、三重県から名古屋城の近くにうつりました。仏壇など彫刻の職人だった父が、名古屋の軍事工場（⑥）につとめはじめたためでした。父はそこで戦闘機のプロペラをつくっていました。

空襲（P.90参照）が頻繁にあったことをおぼえています。名古屋には軍事工場が多かったので、ねらわれたのでしょう。

歩いて7、8分のところに、母方のおばあさんが住んでいました。空襲後、父と一緒にたずねる道中、川を見るとたくさんの人が浮いていました。暑い日の昼でした。ついた先で見たのは、防空壕（⑦）の中で亡くなっているおばあさんの姿。なべを頭にかぶったまま、まっ黒になっていました。

小学校へあがる直前に、父だけ残して今の三重県菰野町に疎開（⑧）しました。田舎といえど食べものは少なく、いつも腹をすかせていました。

それからまもなく、疎開先へきた父が母に言っていました。「木でプロペラをつくっているようではダメだ」。当時、父がつとめていた工場では鉄がなくなり、戦闘機のプロペラをカシの木でつくっていたそうです。だから、勝てっこない。父はそう言っていました。

「どういう意味なんだろう」と思いました。幼かったからでしょうか。私には、戦争に「勝つ」とか、「負ける」とか、そんな意識はありませんでした。怖い、ひもじい、つらい思い出しかありません。

君子、という生まれたばかりの妹がいました。終戦間際のことです。母の母乳がでなくなり、君子は栄養失調で死にました。母は、気が狂ったように「ナンマンダブツ…」とくりかえしていました。ぐったりとした妹を、その腕に抱っこしたまま。

しぼりかすが主食　ひもじかった

棚橋 嘉明さん（75歳）岐阜市

岐阜県揖斐町（現・揖斐川町）に生まれました。戦争は国民学校（現在の小学校1年生から中学校2年生まで）に入学してまもなく終わりましたが、とにかく、ひもじい思いをしたことは舌がおぼえています。

近所はみんな農家なのに、父親は私の通った国民学校で教師をしていました。給料生活です。食べものが友達の家より少ないことは、子どもながらにわかりました。

茶わんに盛られるのが白いごはんから麦めしになり、雑炊になりました。でも、それはまだましなほう。終戦の2年くらい前でしょうか。配給（⑨）が大豆のしぼりかすだけになったのです。

蒸して主食がわりにしたのですが、くさくてたまらなかった。おひつを開けると、すっぱい臭いがぶわっとひろがるんです。保存状態が悪かったんでしょう。口に入れてもぱさぱさで、ごはんとはほど遠かった。それを毎日食べました。

よく遊んだ1つ下の女の子が、道ばたで口を大きく開け、ぼたもちを食べていたのを見たときはくやしかった。農家の子です。あんこがいっぱいついていて、うまそうだった。

母親は、一緒にいた3つ年下の弟にぼたもちをねだられ、「あるから」となだめました。でも、あるわけがないのです。私も弟も、だまってがまんするしかありませんでした。

見かねた国民学校の校長先生が学校の田んぼを貸してくれました。母と祖母は腰をまげ、慣れない田植え。私も足踏み式の脱穀機で稲穂からもみをとりのぞくのを手伝いました。そのごはんは、涙がでるほどおいしかった。

揖斐町は空襲がなく、私の家族6人は無事でした。でも、戦争をくりかえしてほしくないとの思いは、大切な人を失った方たちと同じです。大豆のしぼりかすを毎日、食べなければならないような時代がきては、絶対にいけません。

怖かった機銃掃射　間一髪で助かる

橋本清さん（80歳）愛知県西尾市

私が住んでいる西尾市小間町に海軍の電波探知所がありました。矢作川の対岸に1943年から建造がすすめられた明治航空基地を守るための施設です。松の木にかこまれた台地の斜面に、平屋の兵舎と電波塔、2つの防空壕がありました。

施設には40人ぐらいの兵士が出入りしていました。小学校に寝泊まりし、近くの家が交代で風呂を貸しました。私の家にも多いときで5、6人がきました。関東の出身者が多かったようです。当時の私は「たのもしいな」という思いでみつめていました。

44年の終わりごろから、名古屋への空襲がはじまりました。南方や洋上から名古屋までの飛行ルート上にある西尾でも、しょっちゅう空襲警報が鳴るようになり、B29の編隊がはるか上空を飛んでいくのが見えました。

怖かったのは艦載機（⑩）。低空を飛び、老若男女に関係なく機銃を撃ってくるからです。私もある日、庭の防空壕と母屋を行き来しているうちに艦載機にみつかり、機銃掃射（⑪）をうけました。間一髪で壕へころがりこみましたが、母屋の屋根瓦が30枚ぐらい割れました。警官に「出ちゃいかんというのに出るからだ」とこっぴどくしかられました。

隣の岡崎が空襲をうけると「次は西尾だ」とみんながうわさしました。本土決戦（⑫）にそなえて、神社の境内で男の子はヤリ、女の子はなぎなたを持たされ、米兵に見立てたわら人形を「エイッ、エイッ」と突く練習をしました。

東南海、三河と二度の大地震（⑬）に見舞われたのもこのころ。終戦でほっとしたのをおぼえています。今思えば、基地のことも電波探知所のことも、米軍は知っていたのでしょう。むちゃな戦争をしたものです。電波探知所の防空壕は今もそのまま。兵舎は移築して地区の公民館になっています。

疎開先で空襲　おもちゃ型の爆弾も

水谷勝彦さん（81歳）名古屋市天白区

44年8月から1年3カ月、伊賀上野（三重県伊賀市）へ疎開しました。名古屋で生まれ育ち、11歳のころ。虫とりや釣りなど豊かな自然の中で遊べる、と喜び勇んで行きました。大変な苦難が待っているとも知らずに…。

同じ学校の児童120人と一緒でしたが、親きょうだいと離れた生活はやはりさびしい。寮をぬけ出して勝手に名古屋へ帰る子もいました。米や野菜の配給は少なく、山菜を現地で調達してもたりない。いつも腹をすかせていました。

寮の上を、米爆撃機B29が編隊を組んで飛ぶ。伊賀上野の上空を通って、大阪や名古屋へむかうのです。「また名古屋がやられる」とやりきれない気持ちになったのをおぼえています。

終戦前の6月ごろでしたか。伊賀でも空襲がありました。白昼、艦載機が急降下し、人や列車めがけて機銃掃射⑪するのを、寮から見ました。「ババババッ」という音とともに、舗装されていない道で砂煙があがる。逃げていた人が倒れました。その後起きあがったので胸をなでおろしましたが、近くの川で遊んでいた人たちが撃ち殺されたそうです。

時限爆弾のようなものも投下されたようです。カエルやウサギの形をしたおもちゃを、子どもが拾いあげると爆発した。そんなことが伊賀でもあったと聞きました。

軍国教育の影響か、私は少年航空兵になって、にっくきB29を撃墜してやろうと思っていました。当時、両親や姉にあてた手紙には、こうも書いていました。「アメリカやイギリスの本土に爆弾の雨をふらして『こうさん』さしてやりますよ」。

戦争なんて、なにも得することはないんですけどね。

家の近くに米軍の爆弾

菅谷 康男さん（78）名古屋市守山区

44年12月だったと思います。かぜをひいて学校を休み、愛知県稲沢市の当時の自宅にいたときのことです。ごう音とともに、地震のようなゆれがわが家を襲いました。何がなんだかわからず、家族と一緒に近くの防空壕へ逃げこみました。米軍による爆弾が近くの田んぼに落ちたのでした。

空襲が激しくなってから、父の実家がある守山区へ疎開。空襲警報におびえ、なかなか勉強に手がつかなかった。すいとんで飢えをしのいだあのひもじさは忘れません。

屋根すれすれに戦闘機

青木 好子さん（87）三重県松阪市

終戦の年の夏。家は小作農家で、10代の私は妹とサツマイモなどを育てていました。くずイモを食べていた記憶があります。

田んぼのこやしに青刈りの麦をまいていたときです。サイレンが鳴ったのでふりむくと、屋根すれすれに米国のグラマン③が飛んできた。あわてて畑の稲わらのかげにかくれました。ふるえながら身をすくめました。近くの航空隊と通信隊がねらわれたようです。

翌日からグラマンが日本軍の飛行機を攻撃するのを毎日家からながめました。

はだしで小学校に通う

谷口 道子さん（77）三重県四日市市

物心ついたころ、大阪市港区に住んでいました。45年3月13日夜に空襲警報が鳴り、周囲一面、火の海。翌朝は亡くなった人が布をかけられ、道でころがっている地獄絵図でした。

母の実家の奈良県に疎開し、食事はサツマイモや米つぶのないさゆのおかゆ。着のみ着のままで疎開したので、はだしで小学校に通いました。敗戦を聞き、やっとこの生活からのがれられると安心しました。太陽がさんさんと輝く、あの夏の日は一生忘れられません。

空腹が何よりも
つらい

阿部 斉さん（82）名古屋市天白区

北海道室蘭市に生まれました。国民学校卒業後、学徒動員で市内の日本製鋼所の工場につとめ、機関銃の部品をつくりました。45年7月、朝から空襲警報が鳴り、自宅で待機していると、米軍による艦砲射撃（⑭）と機銃掃射が激化。幸い家族は無事でしたが、友人の父親が亡くなりました。

その後、札幌近郊の町に疎開。学校の教室で1週間寝泊まりし、終戦をむかえました。とにかく食べものが少なく、空腹に耐えるのが何よりつらかった。

夕食は
だんごのみそ汁だけ

樋口 正美さん（80）三重県いなべ市

戦争末期のころ、小学5年生でした。家は農家でしたが、食べものは国に供出（⑮）されてなく、とにかくおなかがへった。先生は「兵隊さんのことを考えなさい」と言って、私たちの言うことは聞いてくれなかった。

学校生活は校庭をたがやしてサツマイモを育てるのが日課で、一番大きなイモをとった班が1等賞。家に帰れば子守に風呂たきなどの手伝いで、またおなかがへる。夕食はだんご入りのみそ汁だけ。それが当時の生活でした。

タンポポやレンゲで
おかゆをかさ増し

日比野 金富さん（80）岐阜市

長良川沿いの村で生まれ育ちました。終戦時は国民学校の4年生。父親は航空機の工場づとめで、配給（⑨）だけがたより。食べざかりで、ひもじい思いをしました。

配給の米も、よくかきまぜないと米粒がうかんでこないほど薄いかゆを茶わん一杯だけ。川の堤防でつんだタンポポやレンゲの花でかさ増ししました。

配給の米は麦になり、イモに。それもとだえがちになると、自分たちで作るしかない。でも畑がない。堤防の陸側をくわでくずし、豆やイモを植えました。命を守る堤防を犠牲にしても、なんの疑問も持ちませんでした。

43年の秋、満州に出征する父が一俵

のヤミ米をかついできました。家族が心配だったのでしょう。ところが、コクゾウムシという黒い米食い虫が大量にわいた。かゆにしましたが、すっぱくて食えなかった。あんなみじめなことは二度とくりかえしてはいけません。

まずかった ニセアカシアの花

長津恒子さん（86）静岡県磐田市

長野県の高等小学校を卒業し、43年に愛知県の豊川海軍工廠に就職。3交代勤務で、機関銃の銃弾の検査をしました。名古屋のほうの夜空が空襲でまっ赤に染まるのが見える夜があり、名古屋の人たちはどんなに苦しんでいるんだろうと思いました。

玉音放送（P.186参照）は、家族4人で正座をして聞きましたが、意味はわかりませんでした。戦後は食糧難。ニセアカシアの花をゆでて食べましたが、すごくまずかったです。

はだかで雪の上に すわらされた友達

岡本寛さん（81）浜松市中区

44年に米軍の空襲がはじまり、名古屋市の白水国民学校4年だった私は、学友と知多半島の寺に疎開しました。

生活は「小さな軍隊」。誰かが規律違反をすると、全員が2列にならび、むかいの学友の顔をビンタさせられました。雪がつもった冬の日、風呂当番の数人が寒さのあまり、わかしている風呂に入ってしまった。飛んできた先生は彼らをはだかのまま雪の上にすわらせました。ふるえる学友を私たちはだまって見ているしかありませんでした。

死んでもしかたない と思っていた

小松義一さん（81）浜松市中区

浜松市への艦砲射撃⑭のあった45年7月、今の航空自衛隊浜松基地である陸軍基地の北側に住んでいました。家の松の木のかげにあった防空壕に逃げこんだら、基地をねらう戦艦から砲弾が発射される音と、砲弾が何かに命中する「ズズーン」という地ひびきが続いていたのをおぼえています。

小学6年生でしたが、死んでもしかたないと思った時代でした。灯火管制⑯で夜は本も読めず、勉強できる時間もありませんでした。あんなみじめな体験はもういやです。

竹やりで勝てるわけがない

寺田文雄さん（78）浜松市浜北区

終戦が近づいたころB29が頻繁に来襲して爆弾を投下したり、実家近くの飛行場が艦砲射撃でまっ赤に燃えあがったりしたのを鮮明におぼえています。米軍の艦載機（⑩）の機銃掃射（⑪）で友達は負傷、私も学校帰りに畑を逃げまわりました。

竹やり訓練も、米軍の近代的な兵器に太刀打ちできないことはそのころの僕にもわかりきっていました。戦争は犠牲や悲しみを生み、国の経済を困窮させるだけです。戦争をまねくような集団的自衛権はもってのほかです。

希望の明かりがついた

中井嘉雄さん（82）名古屋市西区

名古屋市西区の実家をはなれ、愛知県小牧市の農村に疎開しました。6畳ほどの小さな納屋に祖母、母、妹2人と5人暮らし。コイがすむ井戸水で麦めしを炊くひもじい毎日でした。

終戦の日、家族で玉音放送を聞きました。それまでは、家でほとんど照明をつけませんでしたが、その日の夜は遠慮なくはだか電球で家の中を照らしました。外を見ると、まわりの家の照明が暗がりに浮かび、とてもきれいだった。希望の明かりのように感じました。

2章

戦争は考えることもうばった

誇らしい母は今思えば哀れ

近藤マサ子さん（79歳）三重県松阪市

終戦がせまる1945年の夏、私は小学4年生。当時の異常な環境や体験を当然のようにうけとめていました。人殺しの訓練をする母も、はじめて人を憎んだ気持ちも。今ではすべて苦い記憶です。

津市白山町（旧・倭村）で、7人きょうだいの6番目に生まれました。山村の田舎では空襲警報が鳴っても空爆はありませんでした。渡り鳥のようにならんで青空を飛ぶ米軍のB29を、美しいと思ったのをおぼえています。

当時40歳だった母は野良仕事でいそがしく、顔をあわせるのは夕飯のときだけ。いつも草履や着物をやぶる私はしかられてばかりいました。それでも、いつも夜なべで直してくれる母の背中にやさしさを感じていました。

母が学校にきた日がありました。「国防婦人」と書いたたすきをかけ、はちまきを額にまいて。校庭に女性が集まり、米兵に見立てたわら人形を竹やりで突くんです。「ヤーッ」とさけぶ母の顔は真剣そのもの。私はそんな母を見て「母は勝利に一役買ってるんだ」と誇らしく思いました。

一番記憶にあざやかなのは終戦の数日前の昼。B29が自宅の裏山に落ちました。バリバリと空気をさく音がして、自宅にいた私は裏山に行きました。

現場は酸素ボンベと爆弾が散乱し、硫黄のにおいが鼻をつきました。パラシュートで助かった米兵は、役人に手ぬぐいで目かくしされていました。米兵のその後を、私は知りません。私はただ「この兵隊が日本をいじめるのか」と、憎しみに胸をこがしていました。

あれから70年、私は考えます。苦労と戦争にしばられた母は哀れだったと。墜落した米兵もまた、戦争の被害者だった。私が昔をふりかえる時、なつかしさとともに、苦しさをおぼえる。そんな思いを今の若者には経験してほしくないんです。

大日本國防

真珠湾攻撃　何も知らずによろこんだ

竹元良市さん（87歳）名古屋市中川区

41年12月8日朝。朝礼を前に教室に入ってきた軍服姿の先生が、おもむろに言いました。

「日本がアメリカに宣戦布告したのは、知っているか」

この日未明の真珠湾攻撃（⑰）のことです。当時、私は熊本県宮地村（現・天草市）の高等小学校の2年生（11歳）。先生の言葉に身をひきしめましたが、おどろきはしませんでした。日中戦争（⑱）が長く続き、いつ戦線が拡大してもおかしくない状況でした。

新聞で奇襲攻撃の成功を知ってよろこぶと同時に、じっとしていられない思いでした。「お国のために、もっと役に立ちたい」と。

卒業後、地元の郵便局勤務に。造船所に電報を届ける仕事が多く、月に2、3回の軍事教練の欠席が続きました。「非国民」とは言われませんでしたが、同年代の仲間にひけ目を感じていたたまれず、16歳で海軍に志願し入隊しました。

日本は神国、負けるわけがない—。そう教育された軍国少年でした。37年に日本軍が中国の南京を陥落させたときは、近所の人たちとちょうちんを持って行列をつくり、勝利を祝いました。そこで大虐殺があったとは、まったく知りませんでした。

海軍では終戦までの1年4カ月、通信兵として台湾にいました。フィリピンを飛びたった米軍機は、台湾を素通りして沖縄へ。沖縄守備隊と大本営（⑲）の通信が逐一入りました。沖縄出身の同僚もいましたが、どうすることもできません。きびしい戦況への増援要請が、ことわられました。

国民はすべて、国のなすがまま。多くの人が死んでいきました。戦争さえなければ…。子どもの私は、何も知らずに「勝った、勝った」とよろこんでいたのです。

真珠湾で戦死した軍人　村中が英雄視

小嶋正雄さん（82歳）三重県玉城町

太平洋戦争が始まったのは国民学校3年のときで、三重県一志郡川合村（現・津市一志町）に住んでいました。真珠湾で魚雷攻撃⑰に参加して戦死した稲垣清（1915～41年）という軍人が、川合村の出身だった。彼は「軍神」とよばれて英雄視され「大手柄をあげた」と村中が大さわぎでした。

それで、村の男の子に対する鍛えかたが一気にきびしくなったのです。稲垣さんの写真が配られ、天皇陛下の写真とともにかかげてあがめるように言われた。そのときは子ども心に「すごい人だ」とあこがれましたが、今思えば若い命を犠牲に戦争の火ぶたを切ったというのは、気の毒なことです。

当時、学校の先生は何かと言えば「軍神に続け」「軍神に負けんようにやれ」。木銃を持って行進させられたり、銃の持ちかたを教えられたり。2時間くらい歩いて軍隊の訓練を見に行ったこともあります。

陸軍連隊が学校に立ちよって休憩すると、馬に乗って剣をさげている将校を見て「かっこいい、早く兵隊になりたい」と思いました。戦争の悲惨さは知らず、一面だけ見せられていたんですね。「男の子は軍に入り手柄をあげるものだ」という考えが、頭に入りこんでいました。

まるで洗脳ですが、そういう時代でした。心の底で反対していた先生や大人もいたかもしれませんが、口に出せなかったのでしょう。終戦近くに戦争が激しくなると近所や親類からも戦死者が出て、兵隊になりたい気持ちはうすれました。

終戦の日は「これでしずかになる。訓練をしなくていい」と安心したのをおぼえています。学校は軍事教練の場ではなく、しずかに勉強する場です。このような教育をうけた時代があったことを、今の子どもたちにも知っていてほしい。

見極める力を失わせた教育

仲尾宏さん（78歳）滋賀県大津市

あらゆる真実がかくされ、見極める力を失わせる時代でした。43年に国民学校に入学すると先生は「天皇陛下は神のご子孫。神が守る国だから、絶対に勝つ」とくりかえしました。朝礼も「負けるはずがない。できるかぎりの協力を考えろ」と、同じようなことばかり。いつのまにか「大きくなったら兵隊になる」と思っていました。なりたいわけじゃないけれど、他に何も考えられませんでした。

3年生になる直前の45年3月に、実家の京都市から東八田村（現京都府綾部市）に集団疎開しました。疎開先でも同じようなことを教えられたと思います。おぼえないとどつかれた教育勅語⑳と歴代天皇名は、今でもそらんじられます。

6月に父が徴兵㉑されても、「名誉だ」と言われることを信じて、心配だとは思いませんでした。体が弱く、すでに39歳だった父がはじめて徴兵される時点で勝てるはずがないのに、それも判断できない教育。母たち大人はつらかったはずですが、つらいとは言えない雰囲気でした。あらゆる人々の心を封じこめ、傷つけるのが戦争です。

戦争が終わり、「天皇は神と思っていたか」と先生に聞くと、「そんなことは言っていない」と認めませんでした。教科書は、多くを墨でぬりつぶすように言われました。内容は、先生が強調していたことばかりです。大人は信用できない。幼心にそう思いました。

食うのにせいいっぱいで先が見えなかった戦後、ひとつの方向が見えたのが日本国憲法の施行でした。軍隊を持たなくてもやっていける。戦争中の教育はなんだったんだとふりかえることができるようになりました。

今は想像もできない軍国教育やひもじさ。子どもたちに体験させないために伝えていかなければと思っています。

特高の監視下　自由なき礼拝

尾崎信さん（102歳）名古屋市中区

父の代から、キリスト教に入信し、私も14歳のときに洗礼をうけました。名古屋市中区の矢場町に住んでいた家族は、現在の「矢場とん本店」近くの教会によく通っていました。日中戦争⑱が37年にはじまっても、教会の活動に変化はおきませんでしたが、40年には「皇紀二千六百年」㉒を記念して名古屋市内の信徒が運動会をひらくなど、戦争の影が出てくるようになりました。

国内が戦争一色になると、教会では日曜の礼拝前に皇居がある東をむいて、頭をさげるようになりました。牧師も礼拝のときには「天皇陛下をお守りください」ととなえ、教会内では「お国のために」という言葉が使われました。

私自身、子どものころから「天皇陛下を敬わなければならない」と学校で教えられていたせいか、特に疑問は感じませんでした。あの時代、天皇に対して頭をさげるのは当然だと思っていましたし、周りの人も同じように考えていたと思います。

特高（特別高等警察）や憲兵が、礼拝の様子をうかがいに来ていました。敵国の宗教を信じる私たちを監視するためだったのでしょう。

ある日、お茶でもしようと、牧師に会いに教会へ行ったところ、「きょうは特高が来るから、また今度にしてくれ」と言われ、帰されてしまいました。牧師とも気軽に会うことができない時代でした。

特高や憲兵の監視がはじまってから、教会で礼拝する信徒は徐々に減りました。80人ほどいた礼拝者は20人ほどに減り、「何をされるかわからない」と言って、教会から離れる信徒をたくさん見ました。

今の時代は監視や拘束されることなく、自由に礼拝でき、ものを言うことができます。政治家が道を誤らないようにきょうも神様に祈ってます。

士官学校へ進み「軍がすべて」だった

北村 一巳さん（88歳）岐阜県大垣市

45年8月14日、陸軍航空士官学校の生徒だった私は長野県の上田にいました。この日は19歳の誕生日。無線機のいいものがそなえてあり、日本のポツダム宣言受諾（P.186参照）は耳に入っていました。翌日の玉音放送は国民学校で聞きました。軍国少年としては足元がくずれる思いでした。

千曲川（信濃川）の河川敷に小さな飛行場があり、この年の7月、学校のある埼玉県の基地から疎開していました。

軍人の社会的地位は高く、名誉なことだと思って40年、現在の大阪府河内長野市にあった陸軍幼年学校（㉓）に入りました。3年間学び、43年4月に予科士官学校へ。きびしい軍事教育をうけながら、一日も早く実戦で役立ちたいと願っていました。テストで優秀な答案を書いたとして、学校を訪れた閑院宮さまから台覧（皇族などが見ること）の印をもらいました。

いま考えれば、世間の常識にさらされず、純粋培養され、軍人として国のためにつくすといった生きかただけを教えられたわけです。

戦後は、8月27日に郷里の大垣にもどりました。7月にB29の空襲をうけ、大垣城は焼失し、街は焼け野原。親が経営する薬局は、焼けずにすみました。

「医者になればなんとか食っていけるだろう」と思い、自宅から通える名古屋大を受けました。軍関係の学校の卒業生は定員の一割に絞られていましたが合格し、50年3月に卒業しました。

戦争中は軍のやっていることが国の目的のすべてだと思っていましたが、いまふりかえると、あまりに極端な考えかたでした。「国民全体が精神的な視野狭窄だった」と思えてなりません。

「全員志願」の同級生　半数が死亡

今枝敏さん（87歳）愛知県江南市

44年の春、江南市の自宅に同級生がかけこんできました。「えらいことになった」。海軍飛行予科練習生（予科練）㉔の募集に、同級生全員で応じることになったというのです。

当時は16歳で旧制中学4年生。勇ましい同級生の誰かが言い出したのでしょう。「お国のためにがんばろう」という呼びかけに、反対することなんて誰もできません。私を含めて学年の140人全員が応募を決めました。「全員志願」はめずらしかったらしく、美談として新聞にもとりあげられました。

それでも、私は行きたくなかった。子どもながらに、すでに負け戦だと気づいていましたから。唯一の希望は、入隊検査です。友人と二人で不合格になる方法を一生懸命考えました。

検査は名古屋市の中学校の講堂で行われました。何千人もの中学生が、体格や視力を調べていきます。

肺活量検査のときでした。私は思いきり息をはく演技をしながら、途中で息を止めたのです。ねらい通りに基準以下の数値が出て、私は不合格に。合格した同級生77人は、滋賀県の訓練場に旅立っていきました。

はっきり言って、私は非国民かもしれません。でも、罪悪感よりもうれしさが大きかった。「これで軍隊から解放された」って。その後、すぐに工場に徴用され、学校には行かなくなりました。終戦後も生活でせいいっぱいで、卒業証書をとりにいっただけです。

予科練に行った77人中33人が死んだことを知ったのは、終戦から1年後の同窓会でした。特攻で死んだわけではありません。食料事情が悪く、多くの死因は栄養失調だったそうです。生き残った人たちは予科練入りをすすめた先生たちに「あんたらのおかげでひどい目にあった」とつめより、同窓会の会場から追いだしてしまいました。

同窓会は、あれから一度もひらかれていません。私たちの青春は、そんな暗黒の時代だったんです。

勇ましい絵 先生が要求

伊藤勇さん（79）名古屋市中川区

「あなたの絵はいけません。もっと勇ましい絵を描きなさい」。疎開先の岐阜県飛騨地方の国民学校で先生から言われた言葉です。

私は空襲で民家が燃えあがる様子を描きました。名古屋ではいつも空襲にあっていたからですが、先生は私の絵をやぶりました。東京から疎開していた子は日本軍のゼロ戦（㉕）が米軍機に体あたりする様子を描いてほめられました。私は「本当のことを描いて、なぜ怒られるのか」とくやし涙が出ました。今でも涙する記憶です。

教えられていたのは うそばかり

松田初子さん（84）三重県伊賀市

終戦後、教科書に墨をぬっていくと、まっ黒になりました。「私たち、うそばっかり教わってたんや」と思いました。学校に入ったときから軍事教育一色。当時は「おかしい」と思うことすらできませんでした。

先生は「ほしがりません勝つまでは」と書いた紙を机に貼るように言いました。食料にするためにイナゴをつかまえ、女学校では授業中に「千人針」（㉖）を作りました。「戦争は正しい」と思うしかなかった。そんな教育ほど恐ろしいものはありません。

空襲でも泣けない 子どもたち

鈴木直行さん（76）浜松市中区

45年7月のある夜、母に起こされて防空壕に避難しました。外が急に昼よりも明るくなりました。照明弾でした。爆弾の音と壕のまわりの竹やぶにカチャカチャと何かがあたる音が何度もしました。爆弾の破片や石の音でしょうか。生きた心地がしませんでしたが、戦中は泣きませんでした。何があってもしかたないと子どもながらに肝がすわっていました。戦後はけんかですぐに泣いたのに。戦争は子どもに泣くことを忘れさせていたのだと思います。

幽霊のような帰還兵

宮江伸一さん（82）金沢市

43年に朝鮮に渡るまで金沢市寺町の自宅近くでいつも、出征と帰還の兵隊がすれちがうのを見ていました。出征する隊列はザッザッと元気に歩くのに、帰還兵はまるで敗残兵。松葉づえの兵隊もいた。遺骨を入れた白木の箱は、多いと10個以上。大人たちは「今度の戦地はきびしかったんやね」とつぶやいていました。

その光景は物心ついたときから日常茶飯事。怖いと思わず、「大きくなったら兵隊になる」と話していました。今思えば異常な心理状態でした。

防空壕には軍人ばかり

橋爪徳成さん（81）三重県志摩市

太平洋戦争がはじまったのは、国民学校初等科1年生のとき。戦況がしだいに不利になると、防空壕がつくられるようになり、私もツルハシで穴を掘っていました。

終戦直前の7月、住んでいた島が米軍の艦載機による攻撃をうけました。あわてて防空壕を目がけて走りましたが、すでに満員。入っていたのは島にいた特攻部隊の軍人ばかりでした。掘った私は外にいたまま。いざとなると民間人は守ってもらえないんだなと、子ども心に思いました。

3章　子どもたちも戦争のため働かされた

学徒勤労動員

第2次世界大戦のとき、日本では、大人たちが兵隊としてかりだされ労働者が足りなくなったため、国の政策として、大学生や高校生、中学生が、戦争に必要な飛行機や機械をつくる工場などではたらくことになりました。

弾薬を作る勤労動員の学徒

1938年、戦争が本格化するのにそなえて、国民の生活や経済活動を政府がとりしまる「国家総動員法」が公布されました。これにもとづき、各学校で食糧をふやすための勤労奉仕隊が組まれ、子どもたちが農家などの手伝いをしました。このころはまだ精神鍛錬をかねたボランティアのようなものでしたが、その後、勤労奉仕が義務となり、作業に出る日もふえました。戦争が激しくなり、飛行機や武器をつくる工場で人手が足りなくなった44年8月には、中学生以上のすべての学生を工場などに配属する「学徒勤労令」が公布されました。45年8月の終戦の時点で配属された学生の数は、約340万人にも達しました。

動員された女学生

学生たちがはたらいていた工場は空襲のまとになり、多くの学生たちが命を落としました。死者は全国で約1万1千人にものぼりました。

飛行機などを製造する大規模な工場があった愛知には、三重や滋賀のほか、東京や京都など全国から学生があつまりました。艦上爆撃機を生産していた愛知時計電機（名古屋市）や、機関銃、弾丸をつくっていた豊川海軍工廠（愛知県豊川市）など主要な工場で、学生が貴重な労働力となりました。

整地作業をする女生徒たち

飢えてガリガリの食糧増産隊

青木安司さん（85歳）滋賀県栗東市

とにかく、おなかがすいていました。食糧難の時代でした。

農家に生まれ、きょうだいが小さいときに亡くなったのでひとり息子。国民学校高等科を卒業した43年の春、役場の人にさそわれて「食糧増産隊」に入りました。農家の長男が集まり、国のために農作業をする部隊です。「君たちは銃のかわりにくわを持て」ということでね。

同年代ばかり200人くらいの中隊で夏の間、びわ湖の干拓に従事しました。入り江をせき止め、水をくみ出して田畑にするんです。

旧能登川町（現・東近江市）で小学校の講堂に寝泊まりし、くわを使って排水のための土かきを朝から晩までしました。炎天下、ズボンをまくりあげて膝まで泥につかるので、皮膚がまっ赤になりました。

仕事に行く途中、オランダ兵の捕虜とよく出会いました。オランダは国土が海面より低いから、干拓の技術を持っている。技術者としてはたらかされていたんじゃないかな。上手な日本語でしゃべるんです。「日本はもうじき負けますよ」「僕たちは本国に帰ります」って。私らは「そんなことあるか」って言いかえしていました。

「お国のために」と教育され、みんな一生懸命はたらきました。でも体はガリガリ。食事は麦や大豆が入ったごはんとみそ汁ぐらい。赤痢で亡くなる仲間もいました。

戦況が悪くなると、比叡山（大津市）のお寺で軍事訓練をしました。今度は「くわを銃に持ち替えて戦うんや」と。銃ではなく竹やりでしたけど。訓練のさなか、まえぶれもなく終戦に。負けてくやしい半面、「やれやれ」とほっとした気持ちでした。干拓地は今、立派な畑になっています。

ニホンハ　マケマス

人手不足で女性も力仕事

石川菊代さん（85歳）愛知県半田市

愛知県半田市の半田裁縫女学校時代、学徒動員で託児所へはたらきにだされたため、ほとんど勉強できませんでした。それならば就職しようと、学校をやめて16歳で国鉄に就職。軍需工場（⑥）「中島飛行機半田製作所」の従業員が利用した乙川駅ではたらきました。

戦争が激しくなると男性駅員が次々と戦地へかりだされ、人手不足で仕事がまわらなくなりました。当初、女性の仕事はそうじや簡単な荷物運びなど雑用が中心でしたが、人員をおぎなうため、当時ではめずらしい女性駅員になりました。名古屋の鉄道教習所で講習をうけて鉄道業務にたずさわる免許を取得。線路の切りかえや貨物の切り離しなど、男性の仕事をひきつぎました。

なかでも線路の切りかえは、背の高さほどの棒を全身を使って力いっぱい上から下にひっぱります。力仕事でつらかった。今ふりかえると裁縫が好きで裁縫の学校に進んだはずなのに、希望とはかけはなれた仕事をせざるを得ない時代でした。

45年7月24日の半田空襲は、勤務中でした。命からがら帰宅すると自宅はあとかたもなかった。がくぜんとしました。爆弾が2発落ちたそうです。自宅の庭には大きな防空壕があり、近所の人たちも避難していました。家族は助かりましたが、近くの寮に住んでいた挺身隊（㉗）の女学生6人が防空壕に入りきれず、庭で亡くなりました。

未来への希望も持てず、国のために必死ではたらいた若者が死んでいったのが戦争です。子どもや孫たちには同じ思いをしてほしくありません。

疎開先で鉄にまみれ腹をすかせて

嶋田次夫さん（84歳）長野県木祖村

現在の東京都墨田区で育ち、旧制中学3年の春、母親の実家があった篠ノ井（現・長野市）に疎開（⑧）しました。45年3月の東京大空襲の直後です。「君たちには国のためにはたらいてもらう。勉強は一切やらない」と、転校先の校長先生に告げられた記憶があります。

疎開先近くの工場で、ジュラルミンの板をつなぐ仕事をやりました。なんの作業かまったく秘密でしたが、「飛行機しかないだろう。これが国への奉仕になる」と力が入った。同年代の女生徒もきており、唯一の青春らしい楽しみでした。

1カ月ほどで、松代大本営（現・長野市）にまわされました。朝鮮の人がたくさんはたらかされていました。6月には新潟県境の工場に移され、赤土から鉄をとり出す作業をしました。全員が寮に入れられました。運ばれてきた土を、コークス（㉘）をしいた大きな窯に入れ、下から風を送るのです。鉄分で風呂はまっ赤。ふとんも服も赤くなりました。

7月になると、格段に食料事情が悪化。近所の農家に行き、「なんでもいいから食べさせてください」とお願いもしました。青い早生のリンゴや芋の煮物をわけてもらった。とにかく腹がへって、はずかしさなど感じませんでした。

寮の状況を伝える「連絡員」が順番にまわってきて、8月13日に列車で学校にむかいました。空襲で長野が爆撃された影響で列車が動かず、15日は母の実家でむかえました。親族と放送を聞き、戦争が終わったことがわかった。「もうはたらかなくていいんだ。やっと勉強ができる」。3カ所をたらいまわしにされて、つかれきっていた。ただ、解放感だけがありました。

息子にも戦争の話はしてきませんでしたが、村の教育委員長をしたときに、小学校の依頼で話す機会ができた。子どもたちの感想文に胸を打たれ、今も大事に保管してあります。戦争について語ることは自分たちの責任だと思っています。

飛行機工場で96人の子どもが犠牲に

山崎 武雄さん（86歳）福井市

愛知県半田市の中島飛行機半田製作所にむかったのは、44年7月です。福井商業学校に通っていた私は、学徒勤労奉仕命令のもと、臨時列車に乗りこみました。そのときはどこに行って、どんな仕事をするのかはわかりませんでした。半田市に着き、見たこともない戦闘機が牛にひかれて工場内の飛行場にむかうのを見て「明日からつくるのか」と感動したことをおぼえています。

しかし、そんな感動も最初だけ。1週間もすると、家が恋しくて、みんな「帰りたい、帰りたい」とさわいでいました。私は当時15歳でしたが、集められた生徒は13歳から16歳までの子どもばかりだったのです。海軍の偵察機「彩雲」と雷撃機「天山」。はたらきざかりの男子は徴用されていたため、子どもの手で一日に何機も組み立てざるを得なかったのです。

その年の12月7日、東南海地震（⑬）が発生して、工場の一部が倒壊し、96人もの仲間がしたじきになって死にました。実は、その工場は明治時代に建てられたれんがづくりの建物だったのですが、飛行機を組み立てるため、柱を何本もはずしていたのです。飛行機をつくるために、もろくなった建物のしたじきになり、仲間は死んだのです。天災ではなく、人災だったのです。

しかし、子どもたちが亡くなった事実は軍事機密としてふせられ、野焼きの火葬で弔うことしかできませんでした。

子どもたちの手でつくった戦闘機に命を預けざるを得なかった操縦士。急場しのぎの飛行機工場で犠牲になり、野焼きされた子どもたち。戦争とは、人の命をこうも簡単に扱う世の中にさせてしまうものです。戦争は今日、明日に突然おきるのではありません。注意しながら世の中を見てほしいのです。

大切な学校が軍需工場に

川上清子さん（87歳）岐阜県飛騨市

1928年、9人きょうだいの4番目に生まれ、戦時中は岐阜県高山市の高山高等女学校（現・飛騨高山高）に通いました。セーラー服に白いネクタイが、あこがれでした。

やがて本土空襲が激しくなり、家の土蔵の白壁を灰のようなもので黒くぬりました。目立たず、空襲をさけるためです。終戦前年の44年夏、美しかった学校が軍需工場と化し、教室の壁はとりはらわれ、製造ラインになりました。そこで戦闘機にとりつける木製の燃料タンクをつくりました。当時は金属不足で家の金具も供出しました。急なことで、まえぶれはありません。学校を工場にするなんて、よほど切羽つまっていたんでしょう。

タンクは直径約2メートルの楕円形。合板を接着剤で貼りあわせ、金具でしめて塗装しました。当時はただ、やらにゃいかんと。タンクの燃料がきれたら、落とすと聞きました。機体を軽くするためでしょうが、無事にもどってこられたのかはわかりません。学校近くの寺に泊まりこみ、朝から晩まで作業しました。食糧増産のため山へ行き、木の根を掘りおこし、サツマイモも植えました。

1年下の後輩は、県内の垂井の軍需工場へはたらきに出ました。本当はもっと勉強したかった。2年生まで裁縫も教えてもらい、もっとうまくなれたのにと。残念なことだったと痛切に思います。

高山に空襲はありませんでしたが、戦地の体験を聞くたび、胸がしめつけられます。本土が空襲にあったときに戦争をやめるべきだったと思います。戦後に教員として35年間つとめ、退職して35年。元気で生かされていることに感謝の毎日です。戦争のない平和が続くよう、家族や社会、学校で心の教育に力を入れてもらいたいと思います。

17歳で挺身隊　自分を責めて泣いた

山崎みよ子さん（87歳）長野県松本市

44年12月、「勤労挺身隊」として静岡県の藤枝町（現・藤枝市）へおもむきました。17歳のときです。村単位で派遣され、住んでいた中山村（現・松本市）からは17～23歳の女性23人が行きました。

兵隊さんたちにミカンの缶づめを作るため、畑でミカンを収穫して工場で皮をむき、木のおけにつめる作業を朝から夕方までやりました。鉄はなかったので、缶づめじゃなくて「おけづめ」。監督の男性が目を光らせ、簡素な薄暗い工場にならんで黙々と作業をしたのは子ども心にも異様な感じでした。食事もサツマイモごはんやおかゆだけ。なんともひもじかったです。

毎日のように空襲にあいました。多いときは1日6回ほど。そのたびに仲間と防空壕へ避難しました。一度だけ、工場近くに焼夷弾㉙が落ちたんです。「バーン」という爆音がひびき、防空壕の中で頭をおおって顔をかくし、みんなで泣きました。

周りの軍需工場などでも資源がどんどん不足していき、窮地にさらされていることはわかりました。近いうちに負けちゃうのかなと思ったけど、そんな考えは持ってはいけないんだとも思っていました。

防空壕へ逃げこむ途中、日本の飛行機が米軍機に撃たれ、煙をあげて海に落ちていくのを何度も見ました。当時は私たちの間でも、無事に家へ帰れるなんて誰も思っていなかった。

4カ月たった45年4月、家にもどることになりました。8月15日、天皇陛下のラジオ放送を家族と聞き、自分のはたらきかたが悪かったのかなあと申し訳なくなり、地べたにうなだれて泣きました。戦争、勤労挺身隊と悲しい思い出ばかり。今の若い人たちにそんな体験をしてもらいたくはありません。戦争は絶対あってはならないことです。

終戦を願いながらトラック製造

細井武夫さん（89歳）愛知県豊田市

「こりゃあ大変なことになったぞ」。真珠湾攻撃⑰の翌日の41年12月9日、自宅のラジオで米国との戦争がはじまったと知り、おどろいて声をあげたのをおぼえています。その日、工場で同僚たちと万歳三唱をしました。当初は米国を相手に勝利したことを祝う気持ちもありました。

その年の春に高等小学校を14歳で卒業し、トヨタ自動車工業（現・トヨタ自動車）に就職しました。機械部に配属され、車のエンジンの組みつけを担当しました。特に軍用トラック生産にたずさわり、毎日200台近く生産したと思います。3万人ほどが工場ではたらいていました。当時すでに中国を相手に戦争していましたし、兵役検査の成績がよかったので、いつ召集令状㉑がきてもおかしくない状況でした。さらに米国と戦争になり、いよいよ自分も出征するのだと覚悟しました。

開戦となってもしばらくは工場で変わった様子はありませんでしたが、多くの物資やトラックが必要になってきたため、福井や奈良県から女学生が挺身隊㉗として動員されはじめました。みなが休む間もおしんでトラックをつくり続ける姿を見るうちに、一日も早く戦争が終わってほしいという気持ちがめばえました。出征した仲間に元気に帰ってきてもらい、戦後をともに生きたいと願う日々でした。

同時に、いつ赤紙が届くか心配していました。実際にきたのは45年1月で、軍隊生活は1年もありませんでした。多くの友人や親戚が亡くなったにもかかわらず生き残ってしまい、申し訳ない思いもあります。

「玄海に　沈むる命　永らえて　故山に死ぬる　幸思うなり」。戦争をふりかえり、作った一首です。まもなく戦後70年、平和な日本で家族と暮らせることに感謝しています。戦争に参加した戦友と犠牲になった国民のみなさまに哀悼の意をささげたいです。

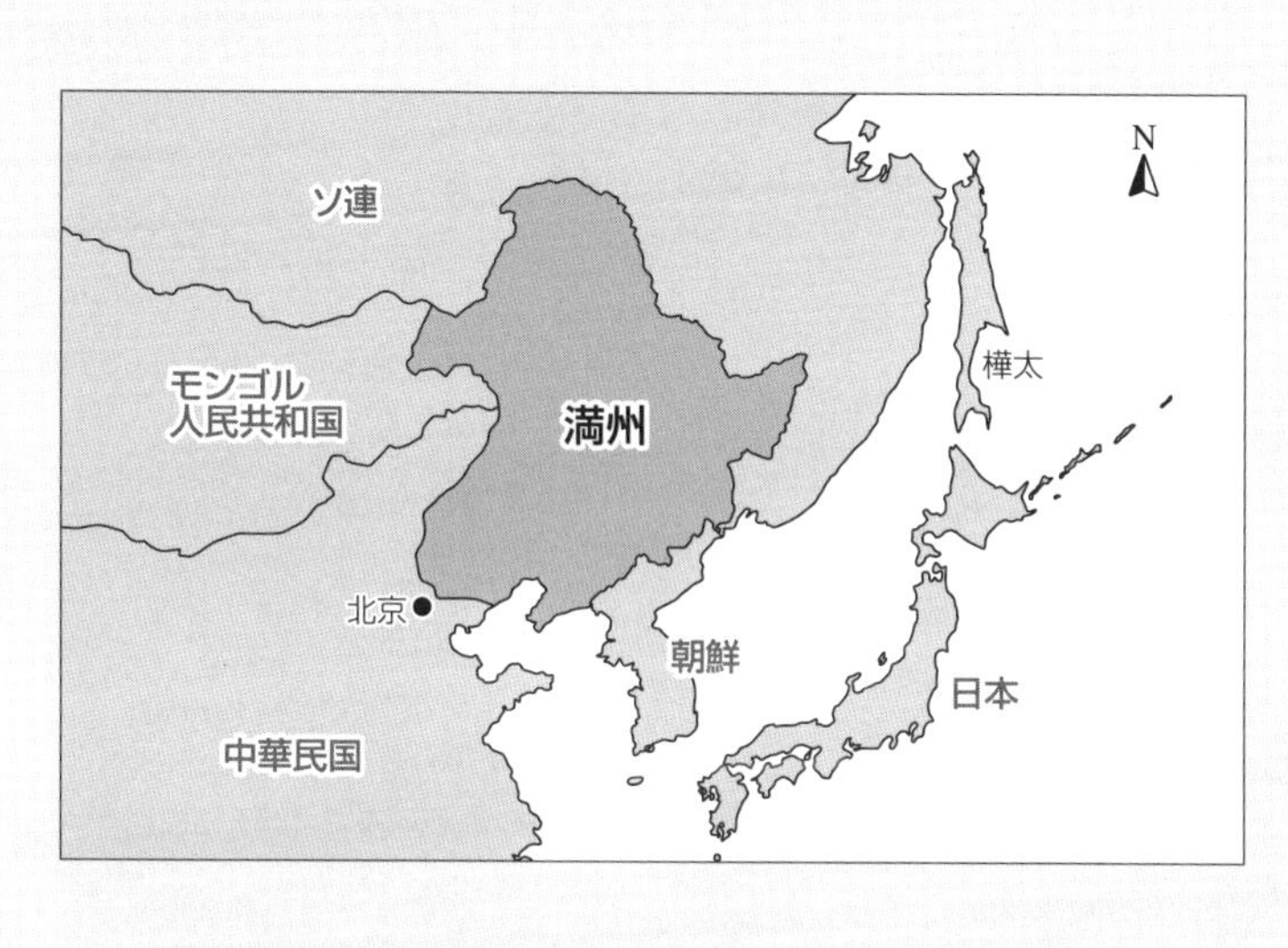

満州開拓

満州国は、1932年3月から終戦の45年8月まで、現在の中国東北部と内モンゴル地域にかけてあった国です。中国をおさめていた清朝の、最後の皇帝・溥儀がトップの地位につきましたが、実際は日本が自国の利益のためにつくった国でした。

建国を主導したのは、日本が満州での鉄道利権を守るために置いていた陸軍部隊「関東軍」でした。関東軍は31年9月、独断で武力攻撃をしかけ、満州の主要都市を次々に占領していきました。33年5月に中国側と関東軍の停戦協定がむすばれるまで、軍がひきおこした一連の武力侵攻は「満州事変」とよばれています。

日本政府はもともと、関東軍の侵攻をひろげるつもりはなく、外交で問題を解決しようと考えていました。しかし、軍は政府の考えを無視して侵攻をすすめ、満州のほぼ全土を占領しました。政府は軍が主導して建国した満州国を認めました。

満州の開拓地の農場で過ごす家族（大野貞雄さん（p. 209）提供）

満州国の実権は軍が指導する日本人の役人や軍人がにぎっていました。日本は諸外国から非難をあびて孤立し、33年3月には、国際連盟を脱退しました。

満州国の国土面積は、今の日本の約3倍あり、45年の人口は約4300万人に達していました。うち日本人は約155万人で、大半は漢民族や古くから住んできた満州人でした。満州国では日本語が第一国語とされ、日本民族の総氏神とされる「天照大神」への崇敬を国民に義務づけるなど、「日本化」がすすめられました。

政府は、日本国内の貧しい農村を救うには、多すぎる人口を海外に送りだすことが必要だと考えていました。そこで、満州国への移住を国策としてすすめ、新聞などのマスコミも移住を宣伝しました。

全国各地に「満蒙開拓団」がつくられ、数十から数百戸がまとまって満州国に渡りました。移住先は、軍が先住民からうばった土地や、満州国の公的機関が極端に安く買いあげた農耕地でした。移住した人々は新天地で地主となりゆたかな生活ができると信じて、きびしい気候、風土にも耐えて開墾や農耕にはげみました。軍にも産物を供給しました。また、開拓と国防をかねた

満州派遣の前に茨城県で農事訓練をうける義勇軍の少年たち（満蒙開拓平和記念館提供）

「満蒙開拓青少年義勇軍」も組織され、20歳に満たない多くの少年たちがソ連国境近くの土地に送られました。

開拓団や義勇軍の総数は終戦時、約27万人にのぼりました。最も多くの人を満州国に送りだしたのは長野県で、計画数もふくめ、開拓団に約3万1千人、義勇軍に約6千人が参加しました。

中国との戦争がはげしくなると、開拓団の人々は、兵隊にかりだされました。終戦直前になると16歳から40歳くらいの男性のほとんどが動員され、戦争にまきこまれていきました。

収容所で冷たくなった幼なじみ

湯沢政一さん（84歳）長野県飯田市

45年3月。15歳の私は家族と別れ、満蒙開拓青少年義勇軍の一員として満州に渡りました。幼なじみの同級生も「湯沢が行くなら」とくわわりました。

終戦直前の8月9日、ソ連軍が満州に侵攻しました。訓練所にいた私たちの中隊275人は武装し、開拓団員を護衛して軍用列車でハルビンに避難。ここで捕虜になりましたが、子どもだという理由でシベリア送りをまぬがれ、難民収容所に入りました。

小学校を利用した収容所は窓ガラスもドアも盗まれ、ふきさらし。10月には氷がはり、冬は氷点下30度にもなりました。夏服のままコンクリートの床に寝て、仲間と身をよせあって寒さに耐えました。ソ連軍の使役でわずかな金をもらっても食べられるのはコーリャンという穀物のかゆばかり。栄養失調と発疹チフス、赤痢で多くの人が死んでいきました。

冷たくなると、体にたかったシラミが離れていくのです。遺体は凍結した川に運ばれ、すぐに誰かが服をはがしてしまいます。朝起きると、まず「今日も生きていられた」と思う毎日。高熱で錯乱し、荷物を持って「家に帰る」と飛び出そうとした仲間もいます。いつも死ととなりあわせでした。私は12月から中国人の紙問屋で住みこみではたらくことができましたが、あのまま収容所にいたら、どうなったかわかりません。

翌年1月、仲のよかった同級生が収容所で亡くなりました。冷たい廊下に横たわる遺体には、供える花も線香もありません。水でくちびるを湿してやることしかできませんでした。10月に帰国するまでに死んだ義勇軍の仲間は、76人にも達しました。私が義勇軍を志願しなければ、同級生も死なずにすんだ。今でもみんなの顔が浮かびます。

戦争になれば、子どもだってまきこまれてしまう。平和な世の中を守るため、戦争を語り継ぐのが私の役目だと思っています。

地獄の逃避行　昼夜を問わず

赤須 正造さん（87歳）名古屋市港区

「リーベンレン、リーベンレン」。終戦後の満州での逃避行で、私を殺そうと「日本人」を意味する中国語でせまってきた人の声は、今でも耳について離れません。

私は長野県大鹿村で生まれました。大河原国民学校高等科を卒業した42年、家族を残して「満蒙開拓青少年義勇隊」として満州に渡りました。15歳でした。学校の先生から「9人兄弟の末っ子でどうせ継ぐ田畑もないのだから、満州で自分の土地を開拓しろ」と言われたからです。

ソ連との国境に近い東安省密山県（現・黒竜江省密山市）で毎日畑を耕していた45年8月9日、ソ連軍が街にやってきました。頼りの関東軍はわれ先にと逃げ、義勇隊と満蒙開拓団の大人たちもすぐに逃げました。地獄の逃避行のはじまりです。

昼も夜も山の中を西へ。空からは爆弾、地上では銃弾。終戦後、ソ連軍側についた中国人も襲ってくるようになりました。道中、日本人の裸の死体がころがっているのを何度も目にしました。食べる物もなく、口にしたのは水たまりの泥水。病気や飢えで、皆ばたばたと死んでいきました。

ある日、草むらで眠っていた私が目をさますと、周りに誰もいません。おいていかれたのです。追いつこうと走っていると、人影が見えました。中国人でした。棒をふりまわしながら追いかけてくる。私は殺されると思いました。

追っ手をふりはらい数日後、開拓団の皆に追いつきました。8月29日の武装解除で、21日間約80キロに及ぶ逃避行は終わりました。収容所に送られ、帰国できたのは46年10月でした。

純粋な少年たちが、開拓の名のもとに侵略の片棒をかつがされ、死んでゆきました。あのような悲劇を二度とくりかえしてはなりません。

両親への手紙もやぶられ

小林仁子さん（88）長野市

44年11月、私は女子挺身隊として東京の浅草国際劇場に送り出されました。当時は知らされていませんでしたが、米国本土をねらう「風船爆弾」の製造工場でした。担当したのは風船のもとになる和紙の点検作業。作業内容をたずねると上司に「秘密だ」とどなられ、両親への手紙もやぶり捨てられる徹底ぶりでした。

45年3月10日、東京大空襲にあいました。B29が上空を飛びまわり、爆弾が「ヒューヒュー」と音をたてて降ってきました。私たちは浅草寺の前のイチョウの木にしがみつき、何時間もじっと身をかがめ奇跡的に助かりました。翌朝、隅田川はまっ黒に焼けた死体で埋めつくされ、母親のさけびや子どもの泣き声がひびいていました。

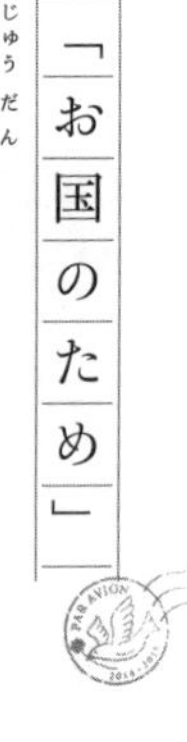

「お国のため」銃弾をみがいた

三村純子さん（83）三重県鈴鹿市

たぶん銃弾だと思います。女学校に入ったばかり。「お国のため」と言われ、名古屋・大曽根にあった三菱重工で金属にやすりをかけ、きれいにする作業をしていました。B29の爆撃にあい、周囲は焼け野原。本当に怖かった。

下に3人の妹がおり、終戦後は住みこみのお手伝いに。本当は勉強して、思うような仕事につきたかった。戦争がなかったら、と何度も思いました。どんな理由があれ、二度と戦争はすべきではないと強く言いたい。

子どもも貴重な労働力

山田勝さん（79）岐阜県海津市

当時10歳に満たなかったわれわれ子どもたちも、戦争中は貴重な労働力でした。揖斐川の中州を畑にたがやしたり、堤防で大豆を育てたり。刈りとりを終えた田んぼで落ち穂拾いをしたこともありました。食料不足の時代だから、みんな生きぬくのに必死でした。

国民学校では、わらなわ作りのノルマが課せられました。なんに使うのかまったくわかりませんでしたが、親にも手伝ってもらい、必死で作った記憶があります。ふしぎな時代でしたね。

工具の名前も日本語に

大橋 行さん（83）愛知県豊田市

ドライバーは「ねじまわし」、スパナは「万能ねじまわし」。敵性語の工具は、日本語に直すよう教育されました。

45年2月から、学徒動員で現在の愛知県豊田市にあった伊保原飛行場で海軍の爆撃機を整備しました。特攻隊の草薙隊（㉚）も使った機体です。終戦まぎわは機体も少なくなり、防空壕を掘るなど土木作業の日々。8月15日は、機体が空襲でねらわれないように手で押して林の中へかくす作業をしていたら、終戦をむかえていました。

ハンマーにぎって逃げた

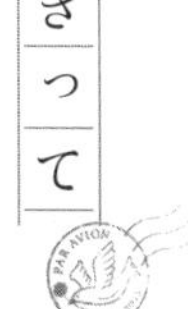

山内和子さん（87）滋賀県長浜市

学徒動員で44年9月から近江航空の彦根工場で飛行機生産にたずさわりました。本土空襲が激しさを増す中、軍需工場などがねらわれた時代。動員先も標的となり、作業道具のハンマーをにぎったまま近くの森に逃げたこともありました。

工場にはいつも目標がかかげられていました。「われらのつくった飛行機が戦場に神風をまきおこすぞ」などとあり、私もがんばろうと思ったものです。当時はなんのうたがいもなく、純真な気持ちでした。今思うと恐ろしいです。

勝利を信じて一致団結

小林為男さん（81）浜松市浜北区

村の若い人は兵隊にとられ、小学生の私たちが畑で勤労奉仕をしました。運動場はサツマイモ畑になり、校舎には兵隊が駐屯していました。敵艦をどれだけ撃破したとか、毎朝の授業は、大本営発表の戦果の報告からはじまりました。

放課後にお宮の広場で竹やりで米兵と戦う訓練をしたり松の根っこを集めたりもしました。松ヤニを飛行機や軍艦の燃料にしたのでしょう。言われたことをみなが一生懸命やった。一致団結とはあのことです。

ビンタされる毎日

江川 保さん（88）愛知県清須市

小学6年のとき、担任の先生が召集されてかわり、出征軍人の見送りやけがをした軍人の出迎えで勉強ができなかった。卒業後に軍需工場ではたらいた3年間の寮生活は地獄。毎晩、上級生によびだされてビンタをされ、スリッパでたたかれ、脱走する人もいました。

終戦の年の2月に陸軍に入ったが、駐屯先で無帽だったと古兵にビンタされ奥歯がぬけた。軍国主義にあやつられた苦しい青春でした。戦争は人間の殺しあい。憲法は改正してはいけません。

中学の屋根に機関砲設置

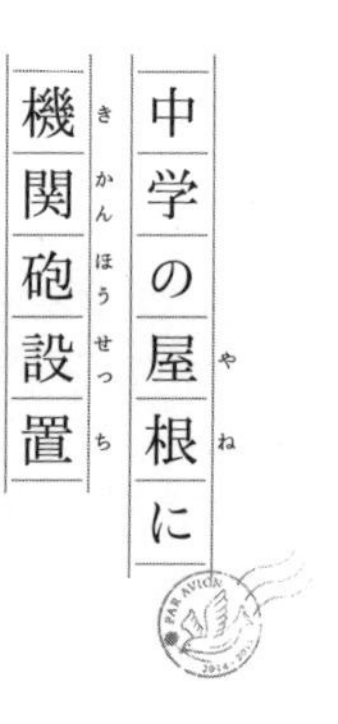

宮崎 雄介さん（84）名古屋市千種区

祖父にひきとられ、戦時中は静岡県掛川市ですごしました。中学2年の途中から、授業で農作業や排水整備に動員されることが増え、3年になると教室の床がはがされ、屋根には機関砲がそなえつけられました。校舎が変わりはてた姿になっていくのが悲しかった。

卒業した兵庫県明石市の小学校では、同級生の多くが空襲で亡くなりました。戦争はパソコンのようにリセットできない。とりかえしがつかないということを若い人に伝えたいです。

米の科学に負けたんだ

渡辺 吉男さん（89）静岡県藤枝市

商業学校に5年間通いましたが、半分は学徒動員でまともに学ぶことができませんでした。45年3月30日に卒業証書、4月3日に召集令状をうけとり、陸軍の幹部候補生になって浜松市郊外で毎日訓練。常におなかがすいていました。戦争はいやでした。

だから、終戦の日はうれしく人生最良の日でした。玉音放送を聞いた後の教官の言葉が心に残っています。「日本は米国の科学に負けた。日本の再興は若い君たちの双肩にかかっている」と。

4章

子どもも命を捨て（す）よ、と言われた

14歳の特年兵　暴行をうけながらの訓練

福井弘一さん（85歳）滋賀県野洲市

私は「幻の兵隊」とよばれる海軍特別年少兵（特年兵）でした。特年兵は、14歳以上16歳未満の少年を海軍中堅幹部に養成するための制度でした。しかしジュネーブ条約では、兵隊は15歳以上と規定されていたため、募集も秘密で行われました。その存在は戦史にものりませんでした。

舞鶴海兵団に入団したのは1944年5月。14歳のときでした。待ち受けていたのはきびしい訓練と、罰直です。入団して約10日後、教班長から「しゃばの空気が抜けとらん」とお尻を棒でたたかれ、ひどくはれあがりました。その後何度も棒でたたかれ、仲間同士では本気でビンタをさせられました。

午前は学問を学び、寝ないように針を持ちました。午後は訓練です。水泳、カッター競技（㉛）、射撃演習などがあり、「気合が入っていない」「遅い」と怒声をあびせられ、これらのスパルタ教育を通し、忍耐や根性をたたきこまれ、死ぬことを恐れない海軍軍人へときたえあげられました。

私は特年兵の3期生でした。戦況が悪化すると、先輩は、養成の目的に反して第一線に配属されていきました。舞鶴の同期は3人が戦死し、1人は左手首を切断する重傷を負いました。

戦後の調査によって、特年兵1万8千人のうち、5020人が若くして亡くなったことがわかりました。戦争が長引けば、私の命もどうなっていたのかわかりません。私は実戦には行くことなく、終戦からまもなくして、故郷の野洲にもどりました。

少年を戦場に送りこまなければならなかったことは、悲壮でしかありません。二度と再び少年に、銃を持たせてはなりません。そうさけびたいです。尊い命の犠牲があって、今の平和があります。戦争は二度とおこしてはなりません。

戦車に体あたり　死が前提の特攻訓練

小野木 昌さん（86歳）岐阜県各務原市

学徒隊に召集されたのは、45年の4月か5月。17歳のとき、岐阜県各務原市の航空機部品工場ではたらいていたころでした。本土決戦にそなえ、米軍の戦車に爆弾ごと体あたりするのが任務でした。

爆弾は大きさ30センチ四方、重さ10キロほど。首から爆弾をさげて、自分の体がすっぽり入る「タコツボ」という穴にかくれます。戦車がきたら爆弾の信管をぬいて穴から飛びだし、キャタピラーの間にもぐりこんで爆発させる戦法でした。死ぬのが前提の特攻です。

訓練は農林学校の運動場で、泊まりこみで行いました。今は各務原市の市民公園になっているところです。朝6時から夕方5時まで毎日、爆弾と同じ重さの木箱をかかえ、壊れかけのリヤカーを戦車に見立てて、体あたりの訓練をくりかえしました。

教官からは「おまえたちが戦車を大破すれば、国家は安泰だ」と言われました。心のうちでは、「こんな戦法でできるわけがない」と思っていましたが、国のために死ぬことには疑いや恐怖はありませんでした。米国から国を守るためならばと、毎日泥と汗にまみれ必死に耐えました。穴で突撃の順番を待つ数分間が、唯一落ちつける時間でした。

訓練は7月末でいったん終わり、8月後半から再開する予定でした。ですが、日本の降伏で学徒隊は自然消滅。玉音放送を自宅のラジオで聞き、全身からすーっと緊張感がぬけていったのをおぼえています。終戦がもう1カ月遅れていたら、きっと自分は本土に上陸した戦車に突撃していたでしょう。今の自分はなかったかもしれません。

「命だけは、大切にせえよ」。訓練中に、ある年配の教官がぽつりとつぶやいたひと言が今も忘れられません。戦争の記憶がうすれている今、自分が若い世代の皆さんに伝えたい言葉です。

命を捨てる人間機雷　長男は後回し

岡野允俊さん（86歳）愛知県小牧市

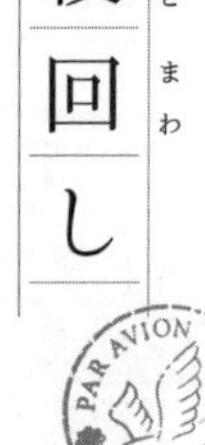

通っていた旧制中学に、海軍飛行予科練習生（㉔）を10人は受験しなさいと命令がきました。手をあげました。飛行隊なら、飛行機に乗れる。映画で見た練習生の制服もかっこよく、「女の子にもてる」という気持ちもあったかもしれません。合格したのは2人でした。

15歳だった44年に入隊しました。滋賀県にあった海軍航空隊でボートの訓練をうけましたが、本当にきつかった。ちょっと疲れた顔をみせただけでも、なぐられました。早く飛行機に乗りたい一心でした。

45年春ごろ、ようやく飛行の訓練がはじまると思っていたら、訓練は廃止。上官に聞くと、米軍の本土上陸作戦があり、「おまえたちが飛行機に乗っている余裕はない」と言われました。

私たちは特攻（④）を命じられ、人間機雷「伏龍」特攻隊に配属されました。機雷のついた棒を持って海中にもぐり、上陸しようとする敵船を海中からつきさして、ふき飛ばす作戦です。もちろん、自分の命もふき飛びます。

今なら「なんと愚かな作戦」と思われるかもしれません。しかし、当時の私は「これで国のためにご奉公できる」と思い、喜びました。ただ、長時間もぐるため、吐いた息をろ過して酸素を得る装置が潜水服についているのですが、これが不備だった。神奈川の横須賀や広島の呉であった訓練中に、うまく呼吸できず、死亡した事故を聞きました。

仲間は次々と訓練に召集されましたが、私にはなかなか順番はまわってきません。上官に「いつになったら行けるのか」と聞くと、「貴様は長男だからあとまわしだ」と言われ、くやしかったです。そして8月15日をむかえました。長男には家督を継ぐ役目があるから、命令がこなかったと終戦後にわかりました。

鉄砲の撃ち方も知らず戦闘員に

小田昭午さん（84歳）愛知県犬山市

私は現在の北朝鮮の平安南道で生まれました。郷里の静岡県で教諭をしていた父が、県の要請で家族と赴任していたからです。寄宿制で陸軍幹部を育てる大阪府の幼年学校（㉓）に入るため、中学1年生で帰国し、2年生になった45年4月に入校しました。自分の意思ではありませんでした。先生や同級生から「おまえは幼年学校に行くんだよな」とことあるごとに言われ、周囲の期待にこたえたのです。父は最後まで何も言いませんでしたが、母は「死にに行くようなもの」と泣いていました。

終戦直前の8月13日か14日、教官が突然「和歌山県に敵兵が上陸するとの情報がある。今日から貴様らは戦闘員だ」と言いました。生徒900人は鉄砲の撃ち方も知らないのに、戦闘員となりました。夏休みの小学校に泊まりながら和歌山にむかい、到着前に玉音放送を聞きました。泣きながら学校に戻ると講堂に集められ、校長から「天皇陛下が戦争をやめよとおっしゃった。敵も和歌山にせまっていると聞く。一刻も早く家に帰って親孝行せよ」と言われました。私の「軍人生活」は4カ月半で終わりました。

徒歩と蒸気機関車で、静岡の親戚のもとへ。北朝鮮にいた両親と4人のきょうだいは、おいはぎにあいながらも46年10月に帰国し、静岡の別の親戚をたよりました。妹の1人は直後に亡くなりました。ほかの家族が再びそろったのは翌47年の正月ごろのことです。体の弱かった母のことは心配でしたが、父はわりとじょうぶで、再会時に特別な感慨はありませんでした。でも父の葬式で、朝鮮で20数年間ためてきた貯金が終戦で一気に失われた無念を思うと、泣けてきました。

孫娘が先日、ゼロ戦（㉕）の出る映画を見てきて、「部下をかばって死ぬ上官はりっぱ」と話すのを聞きドキッとしました。徐々に戦争にむけた空気がつくられていく。私の幼いころと、まったく同じじゃないかと。

要領のよい予科生時代を反省

宮崎 行夫さん（89歳）三重県亀山市

41年12月8日の真珠湾攻撃⑰のとき、私は三重県師範学校（津市、現在の三重大教育学部）の予科生でした。当時は寄宿舎生活でラジオも新聞もなかったので、教室で教師から日米開戦を伝えられたおぼえがあります。私は「米国と戦争をするのか」というおどろきで言葉が出ませんでした。中学校時代、日清、日露の両戦争をひきあいに「縁起のよい7と8のつく年月日にはじまった戦争は、日本は勝つんだ」と教えられた記憶がよみがえりました。

このころ、勤労奉仕作業が増えました。名張市の耕作地では、冬場の約3カ月を使って二毛作用に田を整えました。2月の現場は寒く、終わった後に足を洗う水が温かく感じられるほどでした。明野（伊勢市）の飛行場で半年間、滑走路の拡張で田や溝を埋める作業をしたときは、訓練中の飛行機が目の前で落ちることが何度もありました。

学校では軍事演習が週に2回ほど授業であり、ほふく前進や鉄砲のかまえを練習しました。集合の遅い順に数人が、「戦地に出るためのしつけ」と上官からなぐられます。早く着替えるため、制服の中に演習用の軍服を着ていました。ふりかえると、私も周囲の学生も、時代の流れに乗って動く、要領がいい人間でした。

学徒動員がはじまり、45年3月に徴兵検査を受けるため、名古屋の東山に行きました。空襲の翌日で、列車は蟹江から先に進めない状態。いたる所に人の死骸がころがり、六角形で長さ約1メートルの焼夷弾が地面に突きささっていました。

卒業後、40年間の教員生活で、戦争当時のわが身の反省から「要領のいい人間にはなるな」と伝えてきました。犯罪のような行為さえ当然と錯覚してしまうから、戦争は二度とくりかえしてはだめだ。人を戦争に加担させるような憲法改正も、絶対にしてはいけない。

高校球児を見るたび 胸がつまる思い

岩田 勉さん（88）岐阜県本巣市

丸刈り頭で整列する高校球児をテレビで見るたび、特攻作戦④で戦死した同期生の姿と重なり、胸がつまります。

軍国少年だった私は旧制中学を16歳で中途退学し、陸軍少年飛行兵に志願しました。宮崎県の大刀洗陸軍飛行学校木脇教育隊で操縦技術を習得。助教として残りましたが、当時は1日でも早く最前線へむかいたいと願っていました。

入隊から1年8カ月後の45年5月、ついに沖縄戦への特攻命令がくだりました。しかし本土決戦にそなえるため作戦変更となり、原隊にもどりました。九死に一生を得た次第です。

同期生は両親に「先立つ不孝をわび、弟妹に後事を託す」と遺書を残し、南方の海に散華していきました。同じ年ごろの若者が野球にうちこめる平和の尊さをかみしめています。

米軍上陸備え 日々訓練

石川 敬進さん（88）愛知県江南市

44年5月に16歳で海軍飛行予科練習生㉔に志願しました。食糧難の中、7人きょうだいの長男として口べらしになればと思ったのです。

訓練後に福島県の郡山海軍航空隊に配属され、飛行場防衛を担当。米軍の上陸にそなえ、戦車への肉弾攻撃のための穴を掘ったり、地べたをはって敵陣にせまったりする訓練に明け暮れました。

一緒に入隊した同郷の友は、終戦直前の飛行場への空爆で戦死。亡くなった多くの仲間を思うと、戦後も気持ちはしずんだままでした。

燃料不足でグライダー

角谷 文三さん（86）愛知県碧南市

飛行機で米英軍をやっつけてやる。そんな思いで14歳だった43年の夏、志願して東京陸軍航空学校に入校。燃料不足で訓練はもっぱらグライダーでした。群馬の飛行場で任務についていた45年8月、朝鮮半島の大田へ転属が決定。船で釜山にむかう途中で終戦をむかえました。あとで聞いた話だと、米軍が仁川に上陸した場合、練習機で特攻を命じられることになっていたようです。復員すると母親が泣いて喜び、愛情の深さをあらためて感じました。

5章

戦争は家族をバラバラにした

子を皆殺しにした空襲は母をも殺した

柘植美紀代さん（78歳）愛知県豊橋市

国民学校3年生（9歳）だった1944年秋、名古屋市郊外で集団下校中、米軍機グラマン（③）の機銃掃射をうけました。通学路には田畑がひろがり、目につきやすかったのでしょう。上空を旋回していたかと思うと、いきなりハチのように急降下してきました。

怖くて一歩も動けませんでしたが、6年生の男の子の「ふせろ！」という声が聞こえ、田んぼと道の間にある溝にあわてて飛びこみました。威嚇射撃だったのでしょうか。弾には一人もあたりませんでしたが、ただただ恐ろしかった。

45年1月には、当時の鳴海町（現・名古屋市緑区）に住む叔母一家が空襲にあい、5人のいとこが全員死んでしまいました。13歳の長女は、爆風でふき飛ばされ、2軒隣の松の枝にひっかかっていました。親戚一同で話しあい、彼らの身代わりとして、私は、叔母夫婦の養女になりました。

叔母夫婦の落胆ぶりは見るに堪えなかった。やさしかった叔父は酒びたりになり、数年後に脳出血で亡くなりました。叔母は戦争が終わっても、ずっと放心状態のままでした。

叔母とはほとんど会話もなりたたず、家に残っていたいとこの服も、私には一度も着させてくれませんでした。わが子の思い出に手をつけたくなかったのでしょう。でも、子どもたちが皆殺しにされ、平気でいられるわけがない。叔母を憎いと思ったことは一度もなく、ただ「自分がなぐさめになれれば」の一心でした。私が20歳のとき、叔母は自ら命を絶ちました。

飛行機のせまりくる音や叔母の悲愴な表情は今も忘れられません。最近は「集団的自衛権」「抑止力」といった言葉が頻繁に使われ、戦争のにおいが日本をとりかこんでいます。時がたつと、人間はかつての悲惨さを忘れてしまうのでしょうか。

頼りの兄が戦死　幼い妹弟と残されて

鈴木静江さん（91歳）浜松市西区

1923年、6人きょうだいの2番目として現在の浜松市に生まれました。尋常小学校（現在の小学1〜4年生）のころに戦争がはじまり、それからはずっと苦労続きの人生でした。

13歳で母が病気で亡くなり、生後8カ月から10歳の妹や弟4人を世話するために学校を中退。4年後には父も病死し、3歳上の兄と一家を支えるためにはたらきました。

朝はまだ暗い4時ごろに起きて朝ごはんを作り、4キロ先の畑まで歩いて畑仕事を手伝います。夕方に家に帰ってからも夜遅くまで内職をして、睡眠は毎日3、4時間ほど。それでも子どもだから、たいしたお金になりません。食料の配給は少なく、近くの農家であまった野菜をもらい、なんとか食いつないでいました。

でも、頼りの兄にも赤紙がきました。はじめて汽車に乗って岐阜まで行き、出征する兄を見送りました。ひとりで浜松に帰る私を心配し、「ちゃんと帰れるか？」と声をかけてくれたのをおぼえています。戦争への不安があったと思いますが、そんなそぶりを見せずに妹を気づかう。まじめでやさしい兄らしい言葉でした。

「うん、だいじょうぶ」と答えたのが、兄との最後の思い出です。43年1月、ソロモン諸島のガダルカナル島で戦死。第二次大戦の激戦地で遺骨はなく、渡されたのは小さな箱に入った石ころひとつでした。

きょうだいなので遺族年金はなく、養ってくれる親族もいません。幼い妹や弟をかかえて、悲しむひまはありませんでした。戦中戦後の混乱の中、兄のぶんまで必死にはたらいて生きぬきました。

本当は水泳選手になりたかった。戦争さえなければ、と今でも考えます。当時の人はみんなそうですが、私の人生も戦争で大きく変えられてしまいました。

やっと知った父の最期に涙

佐藤妙子さん（82歳）愛知県北名古屋市

終戦から69年が過ぎた昨年の末、厚生労働省から封書が届きました。フィリピンで戦死した父の記録が残っているかもしれないと聞き、問いあわせをしていた返事がきたのです。

岐阜県駄知町（現・土岐市）のまんじゅう屋だった父は、44年の春に海軍に召集されました。私が小学6年生のときです。広島からフィリピンに渡ったと聞きましたが、その後の消息はわからないまま終戦をむかえました。戦死を伝える公報㉜が届いたのは終戦の2年後。遺骨を入れるはずの木箱には父の名前を書いた紙だけが入っていました。どんな場所でどんな最期をむかえたのか。知る機会はないまま、時は流れました。私も80歳を過ぎ、どうしても父の最期を知りたいという気持ちが強まっていました。

届いた資料には、父の部隊の記録が記されていました。フィリピンに上陸した米軍に基地を攻められたこと、密林に逃げこんでゲリラ戦を続けたこと、45年4月24日に米軍に挟みうちにされて全滅したこと…。何度も何度も読みました。涙が止まりませんでした。

出征の前日に40度の熱をだして寝こみ、添い寝する私の手をにぎって「行きたくない」とこぼした父。名古屋駅にむかう市電の中から、停留所で見送る祖母にむかって「お母さん」とさけんだ父。当時の思い出が次々によみがえりました。

戦争は、戦地に行った人だけでなく残された人にとってもつらいものです。70年が過ぎようとしていますが悲しい記憶は消えません。でも、もうわからないと思っていた父の最期を知ることができたことで、今は少しほっとしています。

1歳の子を抱きしめ見送った夫

梅田ゆきさん（94歳）福井市

東京で商工省に勤めていた私は20歳で10歳上の主人と職場結婚し、2年後には長男にも恵まれました。敗戦が色濃くなってきた44年4月に主人の故郷である現在の福井市に疎開。召集令状がきたのは、その2カ月後、1歳4カ月の長男を残しての〝赤紙〟でした。

見送りも制限され、本当に哀れな出征でした。主人は幼子を胸に抱き、福井駅までの約12キロを3人で歩きました。主人が乗った汽車の汽笛が鳴って走り去ると、がまんしていた涙があふれ、長男を抱きしめて泣きました。長男が「泣いたらあかん」となぐさめてくれたのが昨日のことのように思い出されます。

終戦の日は蒸し暑い中、ラジオから天皇陛下の言葉を待ちました。「忍びがたいけど降参したと言われた。戦争は終わったんですよ」と私はみんなに伝えました。雑音だらけでしたが、そこだけはしっかりと聞きとれました。

主人が帰ってくると思うとうれしかったです。便りはミャンマーからのはがき一枚だけでしたから。ラジオからは復員便りが流れるようになりましたが、消息は全然つかめません。不安と心配がつのったころ、主人の戦友が訪ねてくれ、戦地に出て半年後に戦死したことを聞かされました。待ち続けたせいか、泣けてくるよりも「とうとうか」という覚悟と、むなしさのほうが大きかったです。

主人は「なぜこんな愚かな戦争をするのか」といつも嘆いていたそうです。若くして異国の地で散った人たちの心にはさけびたい思いがいっぱいあったろうに、将来ある身を戦で捨てなければならなかったくやしさを推しはかると涙がこぼれます。ひ孫にも恵まれ、永らえた自分のことを思うと…。

やさしかった父　犬死にだった

佐藤 孝幸さん（76歳）三重県菰野町

私が5歳のとき、43年9月に父親は徴兵され、西部ニューギニアに出征しました。

子煩悩な父でした。出征前の夏、私を自転車に乗せて十数キロも離れた四日市市の夏祭りに連れて行ってくれたんです。戦地から家族に3度、はがきが届きました。父への手紙に私の絵を入れたとき、返事の中で「馬やら人やらうまく描けますね」とほめてくれました。

文面には「日々楽しく、いっそう元気ですから安心してください」ともありました。でも、当時はきびしい検閲があったので、本当だったのかわかりません。戦地すらもしらせず、「豪北派遣」のくだりを読み、母親が「ニューギニアのあたりだ」と直感したそうです。

父は、翌年8月23日、34歳の若さで死にました。飢え、劣悪な衛生状態、疲労がかさなり、マラリアに苦しんで息絶えたんです。でも、家族が知ったのは2年後。同じ部隊の人が復員してきたのと、戦死公報（32）がほぼ同じでした。

今なら、幼くして事故などで父親を亡くせば、周囲から非常に同情されます。でも、当時はごくあたりまえのことで、「あの家もダメだった」という程度。人の命も虫けら同様の価値しかなかったんです。

終戦から27年後、父の慰霊のため、西部ニューギニアをはじめて訪れました。密林の中に足をふみ入れると、そこかしこに日本兵の骨や頭蓋骨が落ちていました。遺骨収集に本腰を入れていなかった当時の政府の対応に疑問を感じました。

父親たちは「国のため」と信じて命をささげたのに、結局、犬死にさせられたんです。

夫の出征　生まれたばかりの娘を残して

小沢すゑのさん（91歳）三重県桑名市

19歳で6歳上の夫と結婚して、44年3月に長女が生まれました。召集令状がきたのは、その2カ月後。田んぼにいた夫が「とうとう赤紙がきた」と、私のところに走ってきました。

夫が久居（現・津市）の陸軍に入隊したのは6月2日。村の人たちが見送りに集まっていました。私は送りだしにはくわらず、夫が乗った汽車が出る汽笛が鳴り、村人の「バンザイ」の声が聞こえたとき、60日ばかりしか父親と一緒にいなかった長女を抱きしめて泣きました。昨日のことのように思い出されます。

翌年の3月8日、夫は出征先のフィリピン・ルソン島で戦死しました。公報が届いたとき、泣けてくるという感じではなく「ああ、とうとうか」と思い、むなしさが大きかったです。

一緒にいたのは3年ほどでした。

実家の父には「帰ってこい」と言われましたが、それでは亡くなった夫に申し訳ないと思いました。出征前に夫に言われた「私は国のために行くけれども、おまえはこの家を頼む」という言葉を守ろうと。

それからは、夫の祖母と母と女3人で、農作業に無我夢中でした。お金やお米が足りなくても、つらいとも思わず、ただはたらきました。この家を守るつもりで。

長女はむこをもらい、3人の孫が生まれました。夫のおかげで、この家に置いてもらったので、今の私があるのだと思います。自分たちだけではなく、後の世代の人たちにも、戦死した人たちがあってこそ今の平和があるということを忘れないでほしいです。

戸籍にも残らなかった夫と赤ちゃん

佐山信子さん（89歳）長野市

花嫁として満州に行くことを決めたのは44年の秋です。「おいしいものを食べられる」と聞いたし、好奇心もありました。結婚相手は写真で見たきりでしたが、10月半ばに旅立ちました。

九州から船に乗り、汽車で満州に入りました。下車したところからさらに90キロ先の「宝興長野郷開拓団」という長野県の人が集まる開拓団をめざしました。

おむこさんは普通の人でしたが、手先が器用で頼りになりました。到着すると、すぐに冬を越す準備を手伝いました。春になると農作業です。ジャガイモ、トウモロコシを育てました。

夫は終戦前に召集されてしまいました。敗戦が知らされると、現地の人は畑にひもをはり、「日本人は入るな」と言います。私たちは避難民になり、日本をめざして歩きはじめました。何十キロも移動した後、開拓団にひきかえしたときには、家に中国人が住んでいました。そのころおなかに子どもがいたのですが、納屋を借りて雨露をしのぎました。

そのうち徴兵されていた夫が帰ってきました。除隊になると、そのまま日本に帰る人が多かったので「よく帰ってきたな」と思います。寒さがきびしいころ、男の子が生まれました。泣き声は聞いたのですが、すぐに死んでしまいました。

マラリアがはやり、夫も具合が悪くて寝たきりになりました。春になると再び移動をはじめ、港にたどりつきました。ある日、夫が「おれは生きて帰れない。おまえは内地に帰ったら、弟と一緒になれ」と言いました。「冗談ばっかり」と思いましたが、夫はすぐに息をひきとりました。

私は長野にもどり、夫の弟と結婚しました。夫や満州で生まれた子どものことは戸籍には残っていません。今でも「なんのために満州に行ったのか」と思います。

かわいかった弟　満州で餓死

仲村正男さん（97歳）浜松市中区

終戦間際、対日参戦したソ連の進攻を避けようと、ソ連と旧満州の国境で亡くなった10歳年下の弟・要。あれから70年がたとうとしているのに、今でも弟のことは忘れることができない。

弟が学校を出たのは戦時中だった。地元の浜松では軍需工場がたくさんあり、引く手あまたで、どこでも就職しようと思えば就職できた。しかし弟は「おれは満蒙開拓青少年義勇軍(P.51参照)へ行く」と言いだした。家族はあぜんとして「満州に行ったら、もう会えなくなってしまう」と反対したけれど、弟は「決まったことだから」と考えを変えようとしなかった。満州へむかうのは、名誉なこと。世間体もあって、おおっぴらには反対できなかった。

弟は15か16歳のあどけない面影を残す年頃。別れの意味をこめ、満州へむかう前の日曜日、二人で岐阜と愛知の県境の木曽川の日本ラインへ一緒に行き、犬山城からの景色を見たのをおぼえている。「兄ちゃん、兄ちゃん」とくっついて、自分になついてくれたかわいい弟。今でも思い出すのがつらく、日本ラインを訪ねる気は起きない。

私は43年に召集された。三重県伊勢市などで、空襲の米軍機を地上からねらう高射砲の測高技手だった。終戦日は大阪でむかえ、「生きて帰れる」と思ったのをおぼえている。一方で弟は亡くなり、遺骨すらないまま。弟の最期を見届けた人によれば、餓死だったという。

国のために、と誰もが死を覚悟した時代だった。戦争に行って死ぬのはあたりまえで名誉なこととされていた。今は平和な時代であることをあらためて感じる。

届いた父の骨　悲しむ祖父の姿に涙

相坂秀夫さん（80歳）静岡県湖西市

34年に7人きょうだいの3番目として、朝鮮北部の新義州に生まれました。父は日本から現地に渡って建設会社を経営していたので、裕福な暮らしでした。

私が8歳のとき、父に赤紙が届きました。父が出征してまもなく、叔父が新義州にきて、私と3歳下の妹を香川県の祖父母宅につれて行きました。旅行だと思って妹と喜びましたが、祖父母宅に着いたら、ここで暮らすよう言われました。

唯一のかせぎ手だった父が出征し、口べらしだったのでしょう。今考えるとしかたなかったと思いますが、家族と離れて暮らすのはさびしかったです。妹がしきりに泣くので、よくなぐさめました。私は妹の前では泣くまいと、風呂場でひとりになったときによく泣きました。

44年夏に父がニューギニア島で戦病死したと祖父母宅に公報が届きました。当時は南方戦線もきびしい状況で、苦しい思いをしたと思います。祖父と隣村に行って遺骨をうけとり、自宅に帰ってくると、祖父が遺骨にむかって「ようやく帰ってきたな。ゆっくり休めよ」とさみしげな表情で声をかけていました。

祖父はそれまで気丈にふるまっていたので、とても意外で、もらい泣きしました。父との思い出はそんなにありませんでしたが、やっぱり悲しかったですし、戦争が憎かったです。

46年の秋、朝鮮北部にいた母ら家族5人が香川に帰ってきました。38度線をこえるまで、命がけの夜行軍だったと聞きました。ソ連軍に襲われないようにと、母は顔や手足を墨で黒くぬり、丸刈りに近い状態でした。前年には、広島県呉市の海軍航空隊にいた長兄も帰ってきていました。貧しいながらも家族そろって生活でき、幸せでした。

平和なときはあたりまえの幸せが、戦争によって奪われました。戦争は、結局は人間の殺しあいです。どんな理由であっても正当化されないと思います。

父を探して戦地を30回以上訪れた

杉江周作さん（83歳）滋賀県守山市

45年、旧制中学2年の時、学徒動員で東洋レーヨン滋賀工場に行くことになりました。一輪車に鉛の管をのせて運ぶのが仕事でした。

7月24日のこと。警戒警報と空襲警報が鳴ったので、仲間と工場裏に走って逃げました。空を見あげると爆撃機のB29が数機飛んでいて「カラカラカラ」と音がしたと思うと、「ズシン」と爆音。目と耳を手でふさぎましたが、つんざくような音でした。魚雷をつくっていた工場から白い煙があがりました。でも空襲だとは思わなかった。空襲といえば大都会で起こるものと信じていたのです。

それからまもなく、守山駅が空襲にあいました。よく晴れた暑い日。B29がびわ湖上を旋回していて、米兵の顔もはっきり見えました。大きな眼鏡をかけていて怖いという印象をうけました。

船舶工兵だった父はニューギニアで戦死しました。思い出といえば凍ったびわ湖の上で撮った写真一枚。いつだったか白木の箱が届きましたが、遺骨はありません。箱をかかえ家族で歩いたことを記憶しています。

銀行勤めを定年退職してから戦没者遺族相談員になって20年。「父がどこで戦死したか知りたい」という問いあわせが今も多い。自分も父のことを知りたい気持ちが強く、調べるにも力が入ります。ミャンマーやニューギニアには30回以上訪れました。父が眠っているであろうあたりを見て「生きていてくれたら」と心底くやしく思います。

戦争反対をただ訴えるのではなく、なぜ反対かを訴えるのが大切だと思っています。私たちと同じ立場の人間を二度と生みださない。そのために体験を伝え続けていきたいです。

原子爆弾

原子が分裂するときに生まれる大量のエネルギー（熱線や爆風、放射線）を兵器として利用した爆弾。ウランやプルトニウムなどの放射性物質に、「中性子」とよばれる小さな粒子を衝突させると、原子の中心（核）が2つに分裂する「核分裂」という現象が発生します。原爆はこのとき瞬間的に放出される大量のエネルギーを利用し、通常の爆弾よりはるかに大きな破壊力があります。

第2次世界大戦中、アメリカは「マンハッタン計画」とよばれる極秘の核兵器開発をすすめ、終戦から1カ月前の1945年7月、人類史上はじめての核実験に成功します。当時のトルーマン大統領が、日本への攻撃に使用することを決めました。

同年8月6日午前8時15分、広島市にB29エノラ・ゲイがウランを原料にした原爆「リトルボーイ」を投下。巨大な火の玉が上空をおおい、当時約35万人いた市民のうち、その年の年末までに14万人が亡くなったと推計されています。

長崎のキノコ雲（米軍撮影）

3日後の8月9日午前11時2分には、長崎市にB29ボックスカーが、「ファットマン」を投下。24万人の市民のうち7万4千人が亡くなったとされています。米国が日本に原爆を投下したのは、本土戦を避け、戦争を早期に終結させるねらいがあったという説や旧ソ連に対する影響力を優位に保とうとしたなどの説があります。

実戦で核兵器がつかわれたのは、人類史上この2回しかありません。70年前のことですが、今もなお多くの人たちが体や心に深い傷をおい、苦しんでいます。

きょうだいをバラバラにした長崎の原爆

門矢幸一さん（78歳）三重県名張市

45年8月9日、国民学校3年生で8歳だった私は、長崎に原爆が投下された瞬間を、爆心地から2キロ離れた海岸で見ました。

父が港の造船所で働いており、家も海岸近くでした。あの日は近所の友だちと泳いでいました。つかれたので停泊中の船に腰をかけ休んでいると、町のほうの空が光に包まれました。空に虹のような強烈な光が次々と現れては消えました。光線の下の地獄も知らず、きれいだなと思ってしまいました。爆発音は聞こえませんでしたが、爆風で船とともにふき飛ばされました。けがはなかったのですが、泳いだままだったので裸。焼けて熱くなった道をはだしのまま、必死に痛みに耐えて帰りました。

当時は兄2人、妹と弟1人ずつの5人きょうだい。叔母と爆心地付近に買いだしへ行った6歳の妹は行方知れず。4歳の弟は傷ひとつなかったのに、歯ぐきから血が止まらなくなり、3日後に亡くなりました。

兄によると、私は投下の翌日、父や兄と妹たちをさがしに爆心地へ入ったそうです。ひどく残虐な光景を見たはずですが、記憶がありません。思い出そうとすると、苦しいのです。ただ、県庁付近の夜空が炎で赤く染まり続けていたことだけはおぼえています。

誰にも同じ苦しみを味わわせたくないと定年退職後、体験を語るようになりました。5年前にはニューヨークの核拡散防止条約再検討会議の会場でも訴えました。高温で人体を焼き生き残った人も放射能でむしばむ。核兵器は絶対悪。人類と共存はできません。

あれから70年。語りべは近い将来、全員いなくなってしまうでしょう。唯一の被爆国で生きる者として、核のない世界を求め続けてほしい。それが後世の人たちに対する、被爆者としての願いです。

終わりのない被爆者の地獄

藤森 俊希さん（70歳）長野県茅野市

45年8月6日、1歳の私は母に背負われたまま、広島の原爆によって被爆しました。当時の記憶はありません。だから、母が語ってくれた話が私の原爆体験です。

9人きょうだいの末っ子として生まれ、赤ん坊だった私はあの日、体調をくずして母と病院へむかっていました。突然、「ピカーッ」という光に包まれ、爆風でふき飛ばされました。起きあがるとまっ赤に燃え、無数の煙が立ちのぼる市街地が見えました。

原爆で当時13歳だった四女の姉が亡くなりました。姉は学徒動員され、爆心地から500メートルの場所で建物の解体作業にあたっていました。家族は、翌日から遺体で埋めつくされた広島の街をさがしまわりましたが、見つかりませんでした。

その後も原爆は家族を襲いました。被爆した三女の息子は幼少期に白血病を発症。小学校に10日しか通えずに亡くなりました。

被爆者を執拗につきまとい、とどめを刺すまで苦しめる原爆を非人道的とよばず、なんと言うのでしょうか。核兵器廃絶のめどが立っていない現状を見て、定年退職後、原爆体験を語る活動を本格的に行っています。原爆で地獄と化した広島で育った被爆者として、やるべきことがあると思ったからです。

母は原爆の記憶を語るとき、広島弁でいつもこう言ってました。「あんたらを同じ目にあわせとうないからじゃ」と。私は地元の学生を前にした講演会や国際会議の場で、母のこの思いを語り継いでいます。

もう二度とすわれなくなった父のひざ

長屋 キミ子さん（76）岐阜県山県市

私が3歳のときに満州北部へ出征した父。祖父が亡くなったため、6歳のときに一時帰国しました。やさしかった父が大好きでした。でも、戦闘帽や軍服姿はおっかなかった。だから、親戚に「だっこしてもらいなさい」とうながされても、ものの1分もひざの上にすわりませんでした。戦地にもどった父が戦死したとのしらせがきたのは、4カ月後。成長するにつれ「なんであのとき、もっと長くひざの上にすわらなかったのか」という後悔がつのっています。

ランドセル 父の形見に

勝野 和子さん（74）岐阜県可児市

平和を願い「和子」と命名してくれた父。44年12月、パラオへの食料輸送中に撃沈され、35歳で戦死しました。

父の記憶はあまりありません。ただ出征後、どこで買ったのか、本革のランドセルを送ってくれました。みな、袋やふろしきに教科書を入れて通学していた時代、ほぼ私だけだったのでは。

ランドセルなんてあたりまえの時代になりました。この「あたりまえ」が続くよう、世界の人々と仲良く、平和な未来をつくってほしい。

部下をかばい 戦死した兄

菊池 知子さん（82）名古屋市守山区

「新兵さんはかわいそうだよー。また寝て泣くのかよー」。千葉県の鉄道連隊にいた兄が外地におもむく前、私に口ずさんでみせた消灯ラッパの歌です。兄と会ったのはこの日が最後。フィリピンで戦死しました。

母は終戦後、兄の帰りを待ち続け、ひきあげ船から出てくる兵隊にたずねてまわっていました。あとになって、兄は部下をかばい、「あぶない」とさけんで弾に撃たれたと聞きました。平和を願い、兄のことを話すことで供養になればと思っています。

軍歌の合唱で兄を送る

小林 多見男さん（86）三重県多気町

「勝ってくるぞといさましく…」。少年期の思い出は歌とともに残っています。当時、小学生は行事があれば軍歌を合唱していました。忘れられないのは出征兵士を送る歌です。召集兵はぎこちないあいさつで「では、いってまいります」と敬礼して駅にむかいました。見送った人には帰らない人もいました。私の兄もその一人でした。

これからの少年たちにはこんな歌は歌わせない、おぼえさせない世の中になってほしいとつくづく思います。

箱の中は髪とつめだけ

松上千鶴子さん（83）三重県津市

私が亀山の高等小学校に通っていた43年、父は広島県の呉へ海兵として出征しました。玉音放送を聞いたときは「お父さんが帰ってくる」と友人と抱きあって喜びました。

しかし終戦からまもなく、帰ってきたのは白木の箱に入った父の髪の毛とつめでした。のちに、父の最期を知る戦友が母のもとをたずね、ペリリュー島で餓死したと聞きました。父が出征前に自宅で「みんなのことを草葉のかげで見守っているから」と言った言葉は今でも忘れられません。

戦死の兄 遺骨すらなく

桜井進さん（83）岐阜県各務原市

長野県の小さな農村で、12人きょうだいの4番目に生まれました。大人の男性はみんな戦争にいって、農業のにない手がいなかったので、私たち世代も農地の開墾や稲刈りなどを率先してやっていました。

一番上の兄がトラック島で戦死したとき、小さな白い木の箱が帰ってきました。けれど遺骨はなく、中身はからっぽ。当時、「兄はお国のために戦ったんだ」と悲しさをおし殺していたのをおぼえています。

食料なく 銃で射殺された兄

洞口 義武さん（81）岐阜県高山市

陸軍に従事した兄の正通をテニアン島で亡くしました。国からは戦死の連絡がきただけで、遺体も何もない。日付も場所もいいかげんで、亡くなったとされる場所は存在しない島の名前でした。

遺族会のツアーに4回参加。そこで知りあった人のつてで兄の上官に話を聞けました。米軍の攻撃で日本軍は壊滅。生き残った兄たちは国に帰れず、食料もない。餓死だけはまぬがれようとサトウキビ畑にいたところ、米軍に銃で撃たれて亡くなったそうです。

帰還した父は まるで別人

深田 英樹さん（77）名古屋市守山区

48年5月、満州に抑留されていた父・速雄を出むかえるため、京都・舞鶴港へ祖父とでかけました。

のぼり旗をかかげ到着を待っていると、大きな荷物を持った一人の兵士が、私たちのもとに近づいてきました。父でした。戦地で腹に銃弾をうけ負傷しながらも、無事に帰ってきてくれてとてもうれしかった。ただ、家で毎日ながめていた父の写真とは別人のように顔色は青白く、栄養失調で体はやせ細っていたことはっきりおぼえています。

空襲にあった子 くつだけでも…

原田 要次郎さん（83）愛知県新城市

学徒動員の準備をしていた午前9時すぎ、「ドドドーッ」の音がひびきました。45年6月9日の熱田空襲。名古屋市中川区の工場にむかう途中、遺体をのせたトラックとすれちがい、荷台から流れた血が路面を赤く染めていました。

数日後、爆撃跡に行ってみると、骨組みしか残らない工場が見えました。遺族たちが懸命に遺品をさがしていました。「せめてくつの片方でも…」と声を殺し、息子の手がかりをさがす母親の姿が忘れられません。

動かなくなった背中の赤ちゃん

川村緑さん（87）三重県四日市市

四日市市空襲の45年6月18日未明、空襲警報のサイレンで目がさめました。焼夷弾が降り家の座敷を焼き、ふすまを倒しました。

庭の防空壕から出て、池に飛びこもうとしました。でも、焼けた家材が落ちて熱湯になっていた。こまっていると、生後1カ月の娘を背負っていた姉が「この子動かない」とさけぶんです。すでに亡くなっていました。防空壕で息ができなかったか、母親が恐怖で強く抱きしめてしまったのか。今でもわかりません。

今も恋しい父と兄と妹

岩瀬千恵さん（79）愛知県豊川市

浜松市出身で、44年から戦火が激しくなり、学校帰りに機銃掃射にあって道にふせたこともあります。翌年4月と6月の空襲で、父と兄と妹を失いました。自宅のガラスがくだけ、爆弾の破片の一部は部屋の和だんすにあたって、中の着物がくすぶっていました。戦争は命を無差別に抹殺するんです。

戦後は「人さまのために生きよ」という父の教えを胸にきざんできました。70年たった今も、父と兄と妹に会いたいとの思いは消えません。

母は戦争で人生を狂わされた

井深登久子さん（72）岐阜県大野町

45年7月9日の岐阜空襲で、満2歳7カ月の私は祖母におんぶされて逃げました。街は一面焼け野原。たくさんの人が亡くなったとあとで聞きました。

このあと、父の実家の大野町に岐阜市から疎開しました。食べるだけでせいいっぱいで、薬もない時代。父は翌年4月にかぜをこじらせ、結核で亡くなりました。私は父親の顔さえおぼえていません。女手一つで家族の面倒をみた母を思うと、戦争で人生を狂わされたのがくやしくてなりません。

父にあてたラブレター

中川 喜美子さん（78）滋賀県東近江市

父の顔を写真でしか知りません。2歳の私を残して出征し、終戦前年にミャンマーで戦病死。母との結婚生活はわずか2年ほどでした。

2000年、父が亡くなった地で慰霊祭に参加することに。出発前日、体調をくずし入院した母から手紙を託されました。「苦労したけど今では孫もできて幸せです」。父にあてたラブレター。母はその後亡くなりましたが、最期は本当にいい表情をしていました。やっと父に会えると思ったのかな。

6章

わたしたちの街(まち)が地獄(じごく)になった

空襲とは

太平洋戦争で、日本が米軍からはじめて空襲をうけたのは1942年4月18日。41年12月8日の真珠湾攻撃による日米開戦からわずか4ヶ月後のことでした。米陸軍のドーリットル中佐ひきいるB25爆撃機16機が、千葉県の犬吠埼沖の空母「ホーネット」から出撃。東京、横浜、名古屋、神戸などを爆撃しました。軍事施設や石油工場、発電所などがねらわれ、全国で計60発の爆弾と焼夷弾を投下。東京では40人、神奈川で28人、埼玉で12人、名古屋で5人、神戸で1人が死亡し、住宅など165軒が全半焼しました。

この本土初空襲から2年あまりあとの44年6月以降、空襲は本格化しました。米軍はより長い距離を飛べるB29爆撃機を開発。同年12月からは連日のように日本へ襲来し、爆撃は終戦当日まで続きました。

B29による空襲は当初、軍需工場や軍の関連施設をねらう高度からの通常爆弾による「精密爆撃」でしたが、45年3月10日、東京の下町をおそった東京大空襲を皮切りに、人口密集地への無差別攻撃がおこなわれるようになりました。米軍は木造家屋を焼くのに適した焼夷弾を開発し、東京大空襲では一晩で約10万人が犠牲になったとされています。

その後一週間の間に東京、名古屋、大阪、神戸といった大都市が焼け野原となると、米軍は6月中旬以降、地方都市に襲来しました。本土空襲による死者は全国におよび、民間人だけで20万人にのぼったとされています。

B29爆撃機

中部地方の空襲

中部地方では、航空機産業があつまる名古屋市をはじめ各地で空襲があり、多くの市民が犠牲になりました。

名古屋市の空襲は42年４月18日、B25が２機来襲した「ドーリットル空襲」が最初でした。東区大幸町の三菱重工業名古屋発動機は44年12月13日から翌年４月７日までに７回攻撃され壊滅。三菱重工業名古屋航空機、愛知航空機などもくりかえし爆撃されました。

45年６月９日、名古屋市熱田区の愛知時計電機や愛知航空機などの工場が標的となった「熱田空襲」では、陸軍のミスで警報が解除になったため、退避していた従業員らがもどってきて被害にあいました。動員学徒の中学生らをふくむ死者２０６８人、負傷者１９４４人と一連の名古屋空襲で最大の人的被害となりました。

こうした軍需工場などをねらった攻撃は１万メートル前後の高空から爆弾を投下するものでしたが、45年３月には、約２千メートルの低空から夜間に焼夷弾を投下するものへと変わっていきました。

市街地が集中的に攻撃された３月12日、19日、名古屋城が炎上した５月14日などの「名古屋大空襲」をはじめ空襲は計63回おこなわれました。B29の来襲は２５７９機にのぼり、死者は７８５８人、負傷者１万３７８人。家屋の被害は13万戸以上におよびました。

愛知県内の主な空襲はほかに、６月19日から20日にかけての豊橋空

本土空襲で白煙をあげるB29

襲、7月12日から13日にかけてと28日の2回で死者727人にのぼった一宮空襲、7月20日未明の岡崎空襲、中島飛行機半田製作所などが対象となった45年7月24日の半田空襲などがあります。豊川市の大規模な兵器工場、豊川海軍工廠をねらった8月7日の爆撃では、2500人以上が犠牲になりました。

岐阜県では、軍需工場が多数あった現在の各務原市域が45年6月以降、十数回の空襲をうけました。岐阜市や大垣市には夜間に大量の焼夷弾が投下され、市街地が焼きはらわれました。

三重県では、45年1月14日、伊勢神宮のある宇治山田市にはじまり、県内最大の工業都市だった四日市市、津市などが大規模な空襲にみまわれました。桑名市や鈴鹿市なども空襲にあいました。

滋賀県は、東洋レーヨン滋賀工場が爆撃された7月24日の大津空襲、5月から7月にかけての彦根空襲がありました。

静岡県では、45年6月19日から20日にかけての「静岡大空襲」で市街地は焦土と化し、約2千人が亡くなりました。このほか、軍需工場が集中していた沼津市や浜松市などがたびたび空襲にみまわれました。

福井県では、45年7月12日、日本海沿岸都市として最初の空襲が敦賀市にありました。1週間後の7月19日にあった福井市の空襲では市街地が壊滅的な被害をうけ、1500人以上が死亡しました。

富山県は、8月1日から2日にかけておこなわれた富山市への「富山大空襲」で、市街地の99%を焼失。広島、長崎への原爆投下をのぞく地方都市への空襲としては最も被害が大きかったとされています。

真っ黒な煙をあげる三菱発動機工場 下方は守山（米軍撮影）

空襲をうけたあとの福井市

主な空襲

月	日にち	地域	被害状況
1944年			
12月	13日	名古屋市千種区、東区など	三菱発動機などに爆撃。死者330人
	18日	名古屋市港区、南区など	三菱航空機などに爆撃。死者334人
1945年			
3月	11・12日	名古屋市街	死者519人、家屋25,000戸に被害
	19日	名古屋市街	死者826人、家屋40,000戸に被害
	24・25日	名古屋市千種区、東区	三菱発動機などに爆撃。死者1,617人
5月	14日	名古屋市街	死者276人。家屋20,000戸に被害。名古屋城炎上
6月	9日	名古屋市熱田区	愛知時計などに爆撃。死者2,068人
	18日	浜松市など	死者1,717人。家屋15,000戸が全焼
		四日市市	死者736人。市街地は壊滅状態に
	19・20日	豊橋市	死者624人。市街地の９割焼失。
		静岡市	旧市域の７割近くを焼き、約2,000人が死亡
	22日	各務原市	川崎航空機などに爆撃。死者169人
7月	9・10日	岐阜市	死者863人、焼けた家屋20,000戸以上
	12日	敦賀市	死者109人、家屋4,119戸焼失
	16・17日	沼津市	死者274人。市街地の大半が焼失
	17日	桑名市	死者390人。24日の空襲もあわせると死者657人
	19日	福井市	死者1,500人以上。家屋20,000戸以上が焼失
	19・20日	岡崎市	死者207人。市内の50％を焼失。
	24日	大津市	東洋レーヨンの工場に爆撃、16人死亡
		半田市	死者264人以上。
	28日	一宮市	13日の空襲とあわせ死者727人。市街地の８割焼失
		津市	全域が爆撃をうけ中心部は焦土に。死者1,200人
	28・29日	大垣市	死者50人。市内の４割が被災。大垣城も炎上
	29日	宇治山田市	死者75人。家屋4,800戸に被害
8月	1・2日	富山市	市街地の99％が焼け、2,700人以上が死亡
	7日	豊川市	海軍の工場への爆撃で動員学徒を含む死者約2,500人
	13日	長野市	国鉄長野駅を中心に爆撃。死者47人

名古屋空襲のあとの市役所周辺

オートバイ音 B29と重なる

荒川よ志子さん（84歳）名古屋市昭和区

終戦が近くなってきた時期。杁中（名古屋市昭和区）の自宅近くに爆弾が落ちました。同級生の家をつらぬくように落ちて、一家全員が亡くなってね。翌朝見た、あとかたもない家と深く大きくえぐれた穴のあとが忘れられません。

終戦の年の3月19日には名古屋の街全体に空襲があり、高等女学校（現在の中学校）の挺身隊（27）としてはたらいていた千種区の兵器工場もまきこまれました。

街を焼きつくす焼夷弾が、B29爆撃機の編隊からさーっと、きれいな線を描いてまとめて落ちてきて、名古屋駅の方角は一面が火の海。私たちは避難して無事だったけれど、工場には逃げ遅れた人の死体がたくさんころがっていました。腹がえぐれて内臓が出ていたり、人の形をしていなかったり。あの光景は忘れたくても忘れられません。

こんな状況でも、誰も泣きごとなんて言えなかった。みんなが「お国のために命をささげる」と決めていたから。国は毎日「敵機何機を撃墜した」とか、戦果ばっかりひろめるから、負けるとはまったく思っていなかった。疎開先の岐阜県恵那市で玉音放送を聞いたときも「そんなばかな」って、信じられませんでした。

平和な世の中がやってきても、オートバイのエンジン音がB29のやってくる音に聞こえてね。近くをオートバイが通りすぎるときは、空襲じゃないかって不安になります。

戦後、日本が他国に攻めこまれなかったのは、敗戦の教訓を生かして平和主義をつらぬいたからだと思います。他国には攻めこむ大義名分がなかった。でも、戦争できる国になってしまったら、攻めこむきっかけを与える気がしてならない。戦争を知らない人が増えて時代が変わっても、平和主義だけは絶対に守ってほしい。

軍需工場近くで生きた心地せず

石黒紀美子さん（78歳）名古屋市守山区

父の山田福夫は戦前、「有畜農業」という農業の雑誌社を経営していましたが、45年1月に出征しました。2カ月後におきた名古屋空襲のころは、母と兄姉で名古屋市瑞穂区瑞穂通の自宅に住んでいました。

家から100メートルほど北の名古屋市立大病院がある敷地に、当時は軍需工場がありました。45年に入り、工場をねらった爆撃が本格化すると、近くに住んでいた私たち家族は何度も恐ろしい思いをしました。

同年3月のある日でした。空襲警報が鳴り、当時国民学校の2年生だった私は、3つ上の姉につれられて、ずきんをかぶり、防空壕（⑦）に逃げこみました。庭の土を掘って麦畑に見せかけただけの、3畳もない粗末なものでした。

家族で体をよせあい、空襲が終わるのをひたすら待ちました。近くにあった軍需工場をねらったとみられる爆撃が、しばらく続きました。「ドドン、ドン」という腹の底までひびく、雷のような音でした。低空飛行をしていたB29のパイロットの顔まで見え、生きた心地がせず、母親の体に、必死でしがみついていたことをおぼえています。

翌朝、近所の人と一緒に攻撃をうけた軍需工場の様子を見に行ってみると、工場の敷地内に植えられていた木の枝に、血だらけになった人間の脳みそのかけらがひっかかっていました。死体も見たことがなく、あまりのショックで泣きながら家に帰りました。

3月のこの空襲がきっかけとなり、近所の人のつてをたよって、家族で愛知県豊田市に疎開しました。その後、自宅は5月の空襲で焼夷弾（㉙）をうけ一部が焼けましたが、全焼はまぬがれ、終戦後も住み続けることができました。同級生の中には、親を亡くした子も。家族が無事だった私は、幸運でした。

名古屋の街が火の海に

河野義秀さん（82歳）名古屋市昭和区

名古屋市中区の借家が全焼した名古屋空襲の記憶が、今も頭から離れません。

45年3月19日未明、自宅で寝ていると、父の栄太郎にたたき起こされ、空襲が近いので逃げるよう告げられました。家を無人にしないよう事前に警防団から指示があったため父だけ残ることになり、私をふくむ兄弟3人と母・さつの4人で、歩いて200メートルほどの商工会議所の地下に逃げこみました。

すぐに爆撃がはじまり、建物の屋上に爆弾が落ち、「ドドン」というものすごい音が地下までひびきました。8階建ての建物が半分ほどふき飛び、火災もおきたため、地下にもいられなくなり外に出ました。

大須通の両わきにあった建物が、ほぼすべて火をあげ燃えさかっていました。通りの真ん中を走っていた市電の線路沿いに歩きましたが、それでも熱風がほおに吹いてきて熱かった。避難する人の行列からはぐれないよう、4人で身をよせあって歩きました。

東にむかい鶴舞公園に着くと、園内の樹木が炎をあげ、とても避難できる状況ではありません。大須通をひきかえし、3月12日の空襲をうけ焼け野原になっていた上前津の空き地に逃げました。途中、マネキンのようにうごかなくなった死体をいくつも見ました。

同じように避難した人が30~40人はいたでしょうか。そこに、ガソリンをゼリー状にかためた油脂焼夷弾が降り注いできました。何人かの体にあたり、近くにいた人が協力して地面の砂をかき集め、投げつけて火を消しました。みな必死でした。

この日の空襲で、自宅は場所もわからないほど何も残らず焼けました。幸い父は無事で、その日のうちに再会できましたが、終戦から半年後、病気で亡くなりました。52歳でした。

黒こげの記憶 伝えねば

都島東さん（85歳）愛知県一宮市

米軍による名古屋市街地への本格的な空襲がはじまった45年3月12日、姉の鈴江夫婦が中川区の家を焼けだされ、2歳のおいの真と一緒に昭和区御器所にあった私の自宅へ身をよせました。

3月18日夜、米軍機のうごきをラジオが伝えていました。「今日もくるぞ」。父・為次郎の指示で外にでました。鈴江夫婦、すぐ上の姉・貴美子と庭に掘った防空壕へ。足に障害がある真は、爆撃があってもすぐつれだせるよう、自宅の縁側にふとんをしいて寝かせました。

19日未明、壕の外にでて様子をながめていると、米軍機をねらった高射砲の音がひびきました。直後にB29のエンジン音。自宅から見えた市中心部の西の空が火炎で赤々と染まっていきます。そろそろ終わりか、と警戒をといたころ。貴美子と2人で家に入った瞬間でした。「バババッ」という音とともに、ふりそそいだ焼夷弾が屋根をつきやぶり、一気に火の手があがりました。

「真が、真が」。燃えさかる家の前で鈴江が泣きさけんでいます。必死の形相で家に入ろうとするのを、父が止めていた。火のまわりが早く、結局真をつれだすことはできませんでした。

避難先の学校で一夜を明かし、翌朝自宅にもどると、家は焼けてくずれおちていました。鈴江は灰の中から黒くなった真をさがし、抱きかかえて泣いていた。「ごめんなさい、ごめんなさい」。私も、涙をこらえることができませんでした。

終戦を経て、57年に結婚。45歳の娘には、4月から高校2年になる男の子がいます。子や孫を持つ身になってはじめて、「あんなむごい目にあったら」と考えるようになりました。戦後70年の今年、ふたりに、封印してきた戦争の話を少しずつしていこうと思っています。

防空壕でひとりきり泣きさけんだ

久我朝子さん（75歳）名古屋市中村区

物心ついたときから、空襲警報があたりまえの生活を送っていました。空襲が本格化した45年3月ごろ、私はまだ国民学校に入る前でしたが、幼いながらも戦争の記憶だけは、はっきりしているものです。

名古屋市昭和区の自宅に、祖父母と母、弟、私の5人で住んでいました。父は中国に出征し、戦時中はおりません。

3月のある日のことです。夜中に寝ているとサイレンが聞こえ、自宅の庭に掘った防空壕へ逃げました。家族と一緒に身をひそめているうちに眠ってしまい、しばらくして目がさめると、壕の中には誰もいません。

泣きさけんでいると、自分の子をさがしにきた近所の女性が、偶然私をみつけ、家族が避難していた近くの神社までつれ出してくれました。外に出ると、自宅が炎をあげて燃えているのが見えました。

あとで聞いた話では、自宅に焼夷弾が落ち、祖父も母親も必死で逃げたため、私が一緒にいるものだと思いこんでいたそうです。それだけ混乱したという証しでしょう。神社につくと、すぐに家族と再会することができ、安心したことをおぼえています。

夜が明けて自宅にもどりました。軒下はまっ黒に焼けていましたが母屋は無事で、修理をしてなんとか住み続けることができました。

終戦のことは、はっきりとおぼえていません。ただ、いつのまにかサイレンが鳴らなくなり、防空壕がただの遊び場になり、戦争が終わったのだと感じました。

私のまわりでもたくさんの人が家を焼かれ、死んでいきました。ひとりとり残されたあのとき、もし壕の近くまで火がせまっていたら、私も同じ運命をたどっていたかもしれません。70年たったいま、再び空襲が起きない世の中であってほしいと願うばかりです。

「名古屋城が燃えた」涙する大人たち

安井俊夫さん（77歳）名古屋市西区

45年5月14日の名古屋空襲で、名古屋城が燃え落ちるのを目のあたりにしました。

同年4月、学童疎開で名古屋市西区の実家から枇杷島駅（愛知県清須市）近くの母方の親類の家に転居しました。2人の弟は未就学で、兄弟で実家を離れたのは私だけ。地元の子どもたちからいじめられることも多く、夕方家に帰ってひとりになると寂しい思いをしたことをおぼえています。

5月14日は朝から空襲が続き、北部を中心に市内全域で大きな被害が出ました。空襲がおちつくと、実家が燃えていないか心配で、枇杷島の親類の家から北東に1・5キロほど走り、高台になった庄内川の堤防にでました。

あたり一面が山頂から見おろした雲海のようになり、南東に約3キロ離れた名古屋城が見えました。火の勢いがものすごく、火柱をおおうように煙が出ていて、炎の赤色がたまに見えるくらいでした。

空襲のときはいつもそうでしたが、市内のどこが燃えたのか、地元の住民が堤防から見渡して様子を確認しにきていました。いつもと違ったのは、この日だけ泣いている大人が何人かいたことです。

名古屋城は、名古屋人にとっての誇りであり、心のよりどころでもありました。それが、一夜にして無残にもくずれ去った。幼いながらに私もショックでしたが、大人たちの心情もいかばかりだったかと思います。「お城が燃えとる」と気づいた誰かが口にしました。その言葉は、今も胸の中にきざまれています。

その後、私は愛知県の職員になり、子どもの教育にたずさわる仕事をしました。城が燃えあがる瞬間を自分の目で見た人間として、今後も後世に記憶を伝える生き証人であり続けたいと思っています。

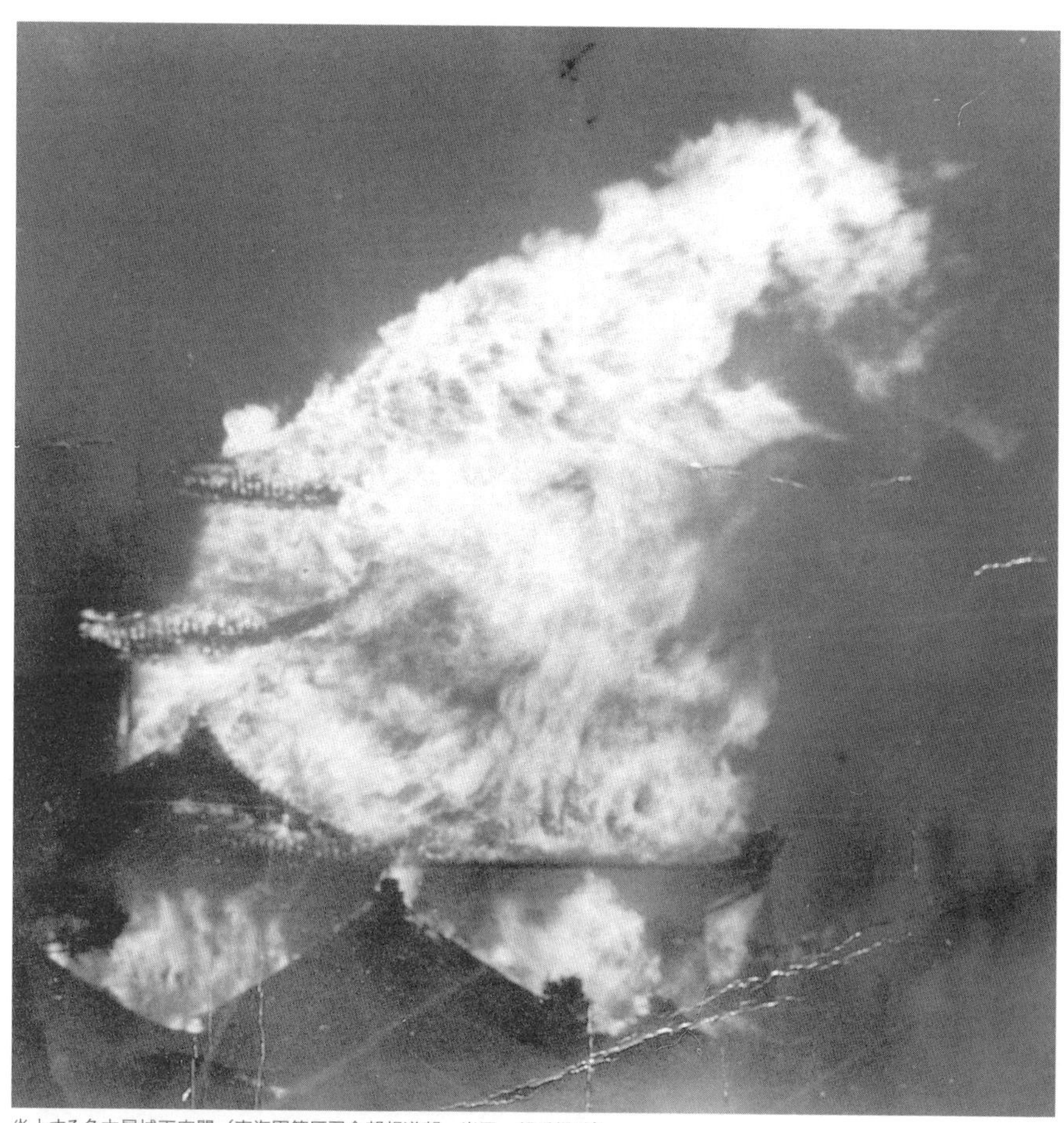

炎上する名古屋城天守閣（東海軍管区司令部報道部・岩田一郎氏撮映）

燃える名古屋城をぼうぜんとながめた

橋本勇さん（90歳）愛知県一宮市

ゼロ戦㉕を製造していた三菱重工業名古屋航空機製作所大江工場（名古屋市港区）に41年、技能養成工として入社しました。2年間の実習を経て、検査工としてゼロ戦の機体が図面どおり正確にできているか確認する仕事に従事しました。

44年12月の空襲と東南海地震で大江工場が被災。取引のあった市内の下うけ工場に通いました。45年5月14日、いつもどおり熱田区の鉄工所について仕事をはじめるとすぐ、空襲警報が鳴りました。「また南がやられる」。その年から本格化していた名古屋市内への空襲では、南部の軍需工場が集中的な爆撃をうけていたことから、幹線道路ぞいに北へむかって走って逃げました。

名古屋駅に近づくにつれ、空襲は激しさを増していきます。低空飛行で鳴りひびく米軍機のくぐもった音。予想に反し、この日は北部の爆撃がはげしかった。建物の屋根などにかくれながら、うなりをあげて落ちてくる焼夷弾を必死で避けました。

10キロほど走ったころ、ようやく空襲がおちつき、庄内川を渡って堤防から名古屋市内を見渡しました。煙で、さっきまで青く晴れていた空が黒くなっていました。南東の方角に目をむけると、名古屋城が燃え、天守閣の赤い炎が、暗くなった空にゆらめいています。その様子を、しばらくただぼうぜんとながめました。

その2、3年前、地元青年団の仲間とはじめて名古屋城を観光しました。本丸御殿が荘厳で、あおぎ見た金のしゃちほこは光り輝いて見えた。変わりはてた姿に、一体この先どうなるのだろうと、不安ばかりが頭をよぎりました。家に帰ると夜がふけ、父に市内の様子をたずねられました。「とにかくつかれた」とだけ答えてすぐに寝ました。空襲で何度か爆風をうけた左耳は、今もほとんど聞こえません。

8分で2068人が犠牲になった熱田空襲

44年12月から45年7月まで計63回おこなわれた一連の名古屋空襲の中でも、最大の死者を出したのが「熱田空襲」です。名古屋市熱田区で海軍兵器や部品を製造していた愛知時計電機や愛知航空機（現・愛知機械工業）などの工場が爆撃されました。

熱田空襲を記録する会の『紺碧の空が裂けた日』（1990年）によると、午前7時45分に警戒警報、8時24分に空襲警報が発令。約2万人の従業員はいったん工場の外へ避難しました。しかし、陸軍のミスで9時ごろ警報が解除になり、職場にもどった人たちが次々と被害にあいました。

爆撃は午前9時17分から25分までの8分間おこなわれ、41機のB29爆撃機が新型の2トン爆弾など121発、265トンの爆弾を投下。動員学徒の中学生ら216人をふくむ死者2068人、負傷者1944人、被害世帯は1153戸にのぼりました。

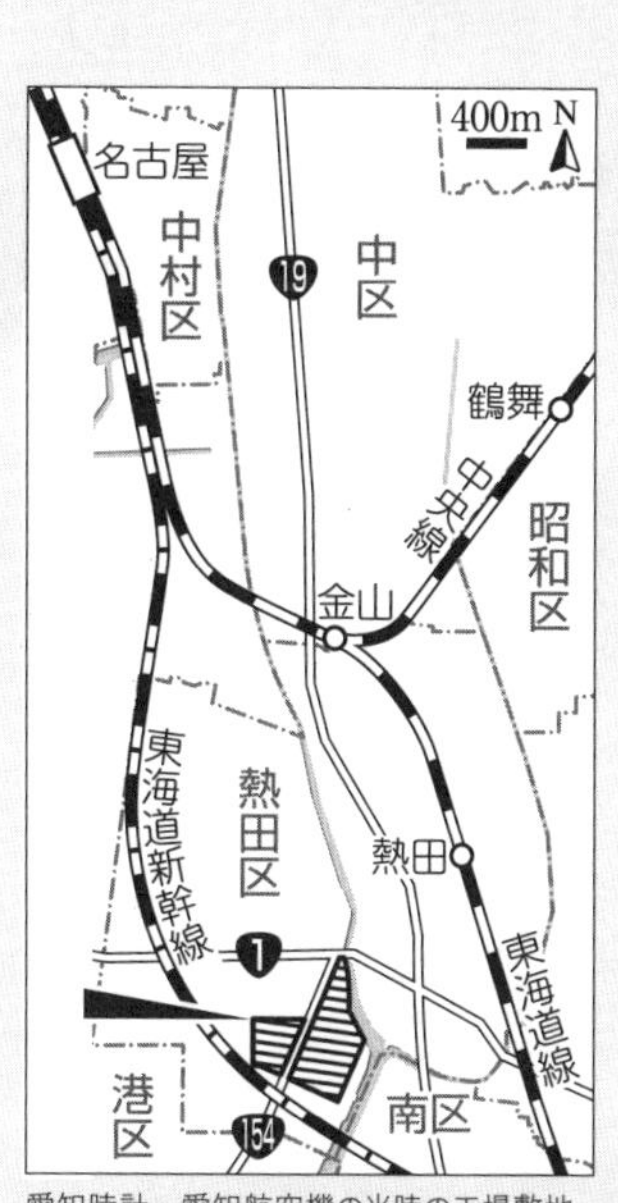

愛知時計・愛知航空機の当時の工場敷地

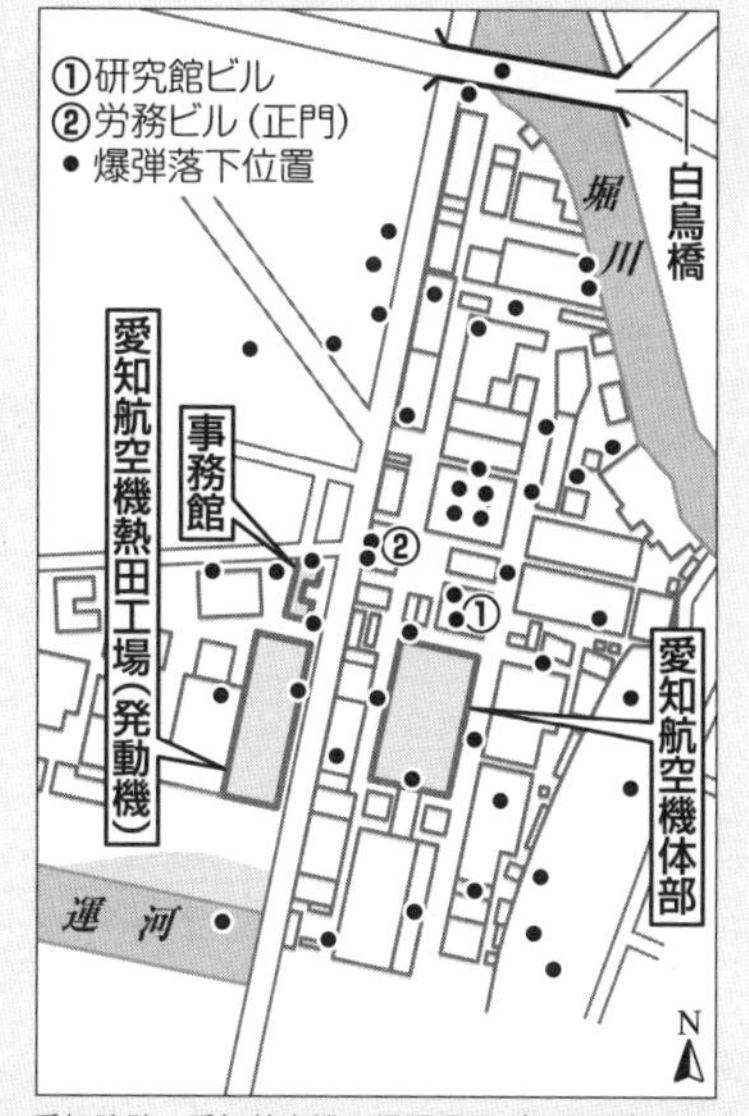

愛知時計・愛知航空機工場配置図（1945年）

名古屋最大の空襲で多くの同僚失う

内田昭代さん（87歳）静岡県菊川市

14歳だった42年4月、名古屋市熱田区の愛知時計電機で女子挺身隊㉗としてはたらきはじめました。4階建ての2階にあった事務所で、書類を運んだりお茶をくんだりするのが仕事。空襲警報のたび、地下室へ逃げました。熱田神宮へは軍歌を歌いながら、戦争に勝てるように参拝したことを思い出します。

44年2月、「母危篤」のしらせが届いたので、実家の静岡県菊川市に帰省。その後、母が快方にむかったので会社へもどろうとしましたが、名古屋の親戚から「名古屋で空襲があるかもしれない」と聞いた父が「まだ帰ってはいかん」と反対したため、しばらく帰りませんでした。

でも翌45年6月9日、熱田空襲がありました。私のはたらいていた建物はB29から落とされた爆弾をうけ、大勢の知っている同僚が亡くなりました。父に止められなかったら私も死んでいたはずです。

生き残った同僚たちの体験記などを読むと、事務所のあった建物はバラバラになったり、生き残った人は死んだ人をまたいで逃げたりと悲惨だったそうです。ページをめくっているうち、涙でくもって読めなくなることがよくありました。

本当は学校の先生になりたかった。でも戦争のために教員養成所には行けないままに。自分の進路も決められませんでした。

17歳で結婚。今、子どもは3人、孫7人、ひ孫9人がいます。もう戦争で苦しく惨めな思いはさせたくありません。

熱田空襲　死体だらけの地獄を走りぬけて

本多美代子さん（90歳）名古屋市西区

泥まみれでバラバラになった人の足や手をまたいで走りました。この場から早く逃げたい、家に帰りたい。その気持ちだけでした。戦争は、地獄です。

当時20歳。愛知時計に勤め、給料の計算係でした。6月末にボーナスが出るので、あの時期は忙しかった。いつもと変わりなく、事務所3階でそろばん片手に机にむかっていました。

空襲警報が鳴ったので、白鳥橋から北へ一キロほどの防空壕に同僚たちと逃げました。30分以上すぎても敵機は姿を見せず、警報も解除になったので早速会社にもどり、仕事を再開したところでした。窓の外をふと見ると、なぜかB29の姿。「おかしい」と思った瞬間に再び空襲警報が鳴りました。

防空ずきんとかばんを持って外に出ようと思い、階段を少しおりたところでした。爆発音とともに壁がくずれたあと、地震のようなゆれが襲い、まわりはごう音と悲鳴であふれかえりました。

なんとか正門にたどりつくと、近所に住む友達と一緒になりました。「逃げようね」とおたがい声をかけたときに、第二弾がきました。駐車してあったバスのかげにふせて爆風をよけましたが、友達とははぐれてしまいました。

船方の交差点までくると、バラバラになった人の死体がころがっているのに気づきました。ハッとしましたが「自分もそうなるかも」と無我夢中で走りました。空を見あげると、ピカピカに光る黒いものがどんどん落ちてくるのです。思わずその場にふせると同時に地面がゆれ、体には破片やら土砂やらがふりかかって「もうだめか。もう死ぬのか」と思いました。

しばらくすると周囲がしずかになったので、また起きあがって走りだしました。家が見えるころにはもうフラフラです。父のむかえの姿が見えて、そのうれしかったことといったらありませんでした。

遅かった空襲警報　死を覚悟した

水野式子さん（83歳）名古屋市中川区

堀川に爆弾が落ち、ふき飛んだ泥水をもろにかぶりました。一瞬息ができなくなり、死を覚悟しました。生き残ったのは、幸運としか言いようがありません。

当時私は中京高等女学校の2年生。学徒動員で、愛知時計の機雷工場ではたらいていました。同級生は150人はいたでしょうか。はたらくといっても素人の学生ですから、機雷の製造などはできません。部品の大きさを正確に測り、やすりでけずる簡単な作業でした。

戦後、多くの方が指摘されていますが、空襲警報の遅れは致命的でした。いったん出た警報が解除され、工場にもどるとすぐ、外でB29が飛ぶ音が聞こえてきました。大勢が逃げ遅れたのは言うまでもありません。

私はそのとき、日本の戦闘機が敵機を追いはらってくれたのだと思いこみ、空を見あげていました。機体を12、13体まで数えたあたりで、突然機体の腹がひらき、パラパラと爆弾が落ちてくるのが見えました。

爆弾が近づいてきて異変を感じ、工場の裏門から堀川の堤防に逃げました。敷地内に次々に着弾、堀川にも落ちた爆弾で泥水をかぶり、その場に倒れこみました。

服はやぶれて泥だらけ。破片で足の裏をけがしたため、満足に歩けません。足をひきずりながら、堀川に浮かんだ丸太のいかだの上を歩いて逃げました。力つきて岸にあがりぼうぜんとしていると、自転車に乗って自分の娘をさがしにきた中年男性が、歩けない私を心配して自転車の後ろに乗せ、名駅南にあった当時の自宅までつれて帰ってくれました。

自宅は5月17日の空襲で全焼していましたがどこに行くあてもなく、何もないわが家の敷地に、しばらく腰をおろしました。肩にかけていたバッグに入れていた物はほとんどなくなりましたが、不思議と家族で撮った写真だけが残っていました。両親が私を救ってくれたのかもしれません。

気がつくと遺体だらけの堀川の中に

井川光雄さん（86歳）名古屋市中村区

45年5月、病気療養のため身をよせていた朝鮮半島の親類宅から帰国し、西区の市立第二商業学校（現・西陵高校）に復学しました。翌月、学徒動員で名古屋市熱田区の愛知時計電機へ。高射砲の部品を作る仕事をしていました。

愛知時計電機が甚大な被害をうけた6月9日の熱田空襲当日も、普段どおり工場に出勤。朝、いったん発令された空襲警報がすぐに解除され、工場にもどって機械のモーターのスイッチが入った直後でした。「逃げろ」という声が聞こえ、とっさに机の下にもぐりこみました。

「ゴー」という低い落下音のあと、雷のような爆音。いそいで工場の外にでて防空壕の中へ。爆弾が次々に着弾し、振動で体がふるえました。このまま工場にいては危険だと思い、ころあいを見はからって工場の敷地の外にでると再び爆弾が落ち、体をふせて市電の線路にしがみつきました。地面がうねるようなゆれ。土煙があがり、まわりはよく見えません。近くを流れる堀川ぞいに北へ逃げると、また爆弾が落ちた。

体がふわりと浮いたような感覚のあと、気づくと堀川の中にいました。胸まで水につかり、自分のうでと足をさわって生きていることを確かめました。川の中には、ちぎれた手足や性別不明の遺体がたくさん浮いていました。

堤防にはいあがると腰に激痛が走り、思うように動けません。一緒に堤防ぞいを逃げていた男性は、目玉が飛びだした状態で息絶え、自分の片うでをひろってぼうぜんと立ちつくす男性も。くやしさと情けなさで涙がでました。避難所にうつり、背中にめりこんだがれきの破片を医者がピンセットでとってくれましたが、尻にはそのときの破片がのこっています。

私は古いのかもしれませんが、戦争を体験した人にしか、わからないこともあると思います。時代とともに戦争体験者が少なくなっている昨今、自分の言葉で話を続けていくことが大切なのだと思っています。

働いていた工場が骨組みだけに

菊池文男さん（85歳）名古屋市熱田区

あの日は学徒動員で愛知航空機の組立工場にいました。発動機の完成品に水をかけ、洗浄する仕事です。同学年の250人くらいがはたらいていたと思います。作業着に着がえるとすぐ空襲警報が鳴り、北に800メートルほど歩いて熱田区の白鳥西公園に避難しました。

警報はすぐ解除され、工場にもどって外の水飲み場で友達と雑談していると、突然B29の編隊が目に入ってきました。銀色の胴体が開き、「ゴォー」という爆弾が落ちる音が聞こえます。とっさに工場の中に飛びこみ体をふせると、聞こえてきたのは「ドカン」という耳をつんざくさく裂音。屋根がふっ飛び、体が一瞬で破片の中に埋もれました。視界はあたり一面まっ暗闇。ここにいては命がないと思い、破片をふりはらって通用門があった方向に逃げました。爆発音があるたびに地面にふせます。破片や砂利が飛びちり、背中が熱くなりました。

市電の線路沿いに北上し、途中で愛知時計の北の住宅街に現在もある自宅によりましたが、もぬけのから。日比野駅までさらに1キロ北に行くと土手に大勢の人が避難していました。さらに東におれ、当時堀川沿いにあった貯木場で休みました。

空襲警報が解除され、家にもどろうと貯木場の中を歩いていると、中年男性がうつぶせのまま死んでいました。おどろきもしなかった。それくらい死がすぐそばにありましたから。自宅にもどるとガラスの破片が散乱し、爆風で天井がめくれています。その日は傷口を消毒して寝ました。

翌朝、定刻に工場に行くと、私がいた組立工場は曲がりくねった骨組みが残るだけ。敷地内にころがった遺体をひとりずつ調べ、行方不明の先生や同級生かどうか調べました。爆風で即死したのか、ほとんど傷のない遺体もありました。結局、教員1人と同級生6人の7人が亡くなりました。

白鳥橋周辺は地獄絵図に

近藤信夫さん（88歳）名古屋市南区

45年4月、召集令状が届き、本土決戦⑫にそなえて組織された「国土防衛隊」に入隊しました。同じ年ごろの男子が在郷軍人の指導のもと、名古屋市熱田区の寺で約40日間、泊まりこみの軍隊教育をうけました。

任務は、空襲の際の被害者の救助や日常の警備などです。近くの小学校を拠点に一週間交代で班ごとの勤務があり、6月9日は、ちょうど私の班が次の班と交代する日でした。

私服に着がえて後の班が到着するのを待っていたとき、米軍機が本土にむかっているため、熱田神宮で待機するよう、急きょ軍から指示がありました。神宮本殿の前にあった防空壕でしばらく身をひそめていると、ハの字形で来襲した戦闘機が一斉に腹を開けて爆弾を落とす姿が見えました。直後、爆音とともに上から押さえつけられるような衝撃を感じました。編隊は2回きたと思います。危険を感じ、仲間と本殿の中に逃げました。

爆撃がやみ、愛知時計周辺の被害が大きいことが軍の情報でわかりました。1キロほど歩いて白鳥橋につくと、橋の西端に爆弾が落ちたのか、大きな穴が開いていました。そばで中年の男性がコンクリートの下じきになり「いたい、いたい」とうめき声をあげています。片足のかかとが割れ、骨が見えていました。仲間とがれきをどけて助けました。

橋のそばには当時貯木場があり、ふき飛んだ丸太があちこちにちらばっていました。木のすきまから「助けて」という声が聞こえ、制服を着た女子生徒が倒れていました。落ちていた布きれを体にかぶせて助けました。愛知時計の工場東側の道路では、息絶えた男の人が、馬と一緒に電線にぶらさがっていました。

昼食の玄米が、この日ばかりはほとんどのどを通らなかった。白鳥橋を通るたびにこの日のことを思い出します。

若者の犠牲は敵国でも同じ

加藤 幸郎さん（82歳）愛知県春日井市

45年4月7日、名古屋を襲った空襲。大曽根駅の駅員の機転で命を救われました。

当時、愛知一中（現・旭丘高校）に入学したばかりの私は、疎開先の春日井から学校近くの大曽根駅まで列車で通っていました。その日は、登校後しばらくして空襲警報が鳴り、先生に家に帰るよう言われました。

帰りの列車に乗るため、同級生と駅にむかったのですが、二人とも乗りおくれ、しかたなく駅の防空壕に逃げこみました。壕には駅員らがおり、助役から「駅はねらわれるから学校にひきかえしなさい」と強くうながされました。私たちが駅の壕を離れたあと、爆弾が直撃し、多くの駅員が亡くなったと後日、知りました。

もどった学校では同級生と二人で校庭に掘られた壕にひそんでいました。周囲がしずかになったので校庭に出てみると、学校近くで煙があがっていました。少し離れた北の空では、地上から射撃された米軍機が落ちそうになっていました。煙があがった先では民家が爆撃されていました。一緒にかけつけた先生とがれきを掘りおこし、4人を救いだしましたが、いずれも亡くなっていました。顔は土色に変色。葬式以外ではじめて見た死体でした。

その日は同級生と歩いて春日井にもどりました。道中、矢田川を渡ったあたりの神社で人がむらがり、そのまん中には墜落した米軍機の尾翼が見えました。残骸から消防団の人がひきずりだした若い米兵は『鬼畜米英』とはほど遠い、美しい顔立ちでした。「米国でも若者が戦争にかりだされるんだ」と気の毒に思えました。

あの日から70年がたちましたが、過ぎ去った昔のできごととは思えません。今の日本を見ていると、再び戦争にまきこまれるのでは、と不安になるときがあります。

一宮空襲　畑で腹ばいになって

富田貞子さん（77歳）岐阜市

焼夷弾が次々と落ち、ものすごい音がしたあの光景は忘れられません。結婚して岐阜市に移り住みましたが、愛知県一宮市に住んでいた小学2年生のとき、一宮空襲にあいました。

当時は2つ上の兄と、近くの親戚の家に疎開していましたが、私だけは週に1回ほど、両親と姉、弟の住む一宮の家にもどっていました。70年前の7月28日も偶然、帰っていたときでした。

「早く逃げろ」。午後10時ごろ、親戚がいそいで知らせにおとずれました。父は家を守るためにひとりで残り、母と姉、弟と一緒に逃げだしました。すると、逃げる人ごみを見つけたB29がむかってきて、次々と焼夷弾を落としました。母は子どもだった私たちをトウモロコシ畑に腹ばいに寝かせて、黒いふとんをかけて隠しました。地面に落ちたときの「バッカーン」という音が、今でも耳に焼きついています。

父と合流を予定していた場所に、なんとかたどりつきました。別行動だった父は乗っていた自転車の前輪に焼夷弾があたりましたが、エンドウ畑に落ちて衝撃が若干やわらいだために、助かりました。

油がついた顔に土をこすりつけてはらい落とし、そのまま手当てをうけ、目、鼻、口の部分のみが開いた大きなガーゼをはっていました。

その後、疎開先にいた兄も「おなかがいたい」ともどってきました。虫垂炎でした。ならべた机の上にむしろをしいて病室にした小学校に入院し、なんとか命はとりとめましたが、苦しみもがく兄の姿を見て「戦争がなければ、もっと早く手術もできただろうに」と思いました。

あのころの体験を、子どもたちに味わってほしくありません。絶対に戦争をしてはいけません。

岡崎空襲　忘れられない青いトマト

荻野早苗さん（77歳）愛知県岡崎市

45年7月19日に愛知県岡崎市中町で空襲を経験しました。蒸し暑い夜で、私は8歳でした。ふとんに入って眠りにつくと、空襲警報と父の「落ちたぞ！」という大声で目がさめました。

父と母が小さい弟2人をおんぶし、私は6歳になるすぐ下の弟の手をひいて、家族で200メートル先の裏山にある防空壕に避難しました。途中、七夕のかざりのような、赤や青や黄色のひも状の光るものが畑にいくつも落ちていくのを見ました。夜なのにとても明るかったのをおぼえています。

空が白んできたころ、東から風がふきはじめ、「このままでは煙を吸ってしまう」と、防空壕からいつも遊んでいたとなりの総持寺に場所を移しました。中町を見おろすと、建物を支えるまっ黒な太い柱だけが焼け野原に何本か残っているのが見えました。自分の家の方角を見ると、一帯が焼けずに残っていて、とてもほっとしました。

朝になり家に帰る途中、母が野菜を育てていた畑によりました。逃げるのに夢中でおなかはすいていなかったのですが、母からまだ半分青いトマトを手渡され、しぶしぶ食べました。

これから食べものがなくなり、熟れるまで待っていたら畑が荒らされ、盗まれてしまうと母は考えたんでしょうね。そのときの青臭いトマトのにおいが今でも忘れられません。おいしくはなかった。これが戦争の味かと思いました。

今は孫もいます。戦争にはもちろん反対だけれど、国の大きな流れが戦争にかたむけば、止められる自信はありません。日本が真珠湾を攻撃したとき、誰もが勝ち戦だと思って反対する人はいませんでした。孫たちが青いトマトを食べることがないよう、それだけが私の願いです。

焼夷弾を逃れ　首まで川の中

小田きみ子さん（89歳）愛知県岡崎市

夜が明けたとき、何もかもが焼けてなくなっていました。45年7月20日未明の岡崎空襲にあったとき、私は19歳の銀行員でした。

「早く逃げなさい」。一緒に寝ていた母のさけび声を聞いた私と姉は、いそいで防空ずきんをかぶり、もんぺをはいて着の身着のまま外へかけだしました。火のついた油をまきちらす焼夷弾は裏庭にも落ち、あっというまに燃え広がっていました。

ひざ下くらいの高さのイモ畑に、身を隠すように腰をまげて走りました。とにかく火から逃れるため、家の南にある乙川へ。まっ暗で何も見えないはずの川面は、燃えさかる周囲の家に明るく照らされていました。

9歳上の姉の手をにぎりしめ、もう片方の手で浅瀬のアシをつかんで1、2時間。首の高さまで水につかりながら、空襲がやむのを待ちました。私たち以外にも15人ほどが避難していたでしょうか。

見あげると、ドラム缶ほどの大きさの焼夷弾が落ちてきて、上空でさく裂し、たくさんの火の粉が飛び散るんです。ぷしゅ、ぷしゅと音を立てて、川に落ちるのも一つや二つではなく、水から出た頭に火のついた男性もいました。私も身を焼かれる恐怖で生きた心地はせず、川の水が冷たいとか、寒いとかいう感覚もありませんでした。

逃げだすときはなればなれになった母とは再会できましたが、父を早くに亡くした母が苦労して建てた家はあとかたもなくなっていました。姉の嫁入り道具の着物も、きれいに折りかさなったまま灰になっていました。

いざ戦争がはじまると、一番犠牲になるのは前線におもむく若い人たち。そしてあのころの私たちのように、普通に暮らす女性や子ども、お年寄りなんです。これから大人になる子どもたちには、そのことだけは忘れてほしくありません。

豊橋空襲 逃げる最中家族とはぐれて

見山 英一さん（77歳）愛知県豊橋市

いつもどおりの空襲警報と思っていたら、その日はまったく違いました。45年6月19日夜から翌日未明にかけておきた「豊橋空襲」です。

両親と祖母と子ども3人の計6人で電気を消してしずかにしていると、外がいつもよりさわがしい。一瞬、照明弾によって昼間のように明るくなり、付近の家々が炎に包まれ、恐怖におののきながら逃げていく人たちの姿が見えました。

父が母の着物の帯をとりだし、「死んでもはなすんじゃないよ」と言い、6人で逃げました。地獄でした。髪の毛に火がついた年配の女性は、大声をあげながら走りまわり、そのうちに息絶えました。

私も必死で逃げました。気がつくと、はいていたゲタが脱げ、帯ではなく、祖母の手をにぎっていました。他の4人とはぐれてしまったのです。

でも、どうにもなりません。炎のせいでとても熱く、用水路に飛びこんで水をかきわけながら走りました。家から1キロほど離れた丘までたどりつき、祖母のうでに抱かれながら、ほとんど一睡もできずに朝をむかえました。

焼け残った鉄骨建ての小学校に足を運び、異臭の中で、にぎりめしを食べました。まずかったですが、空腹には勝てません。道には多くの遺体がころがり、焼けた丸太のようになっていました。「見るんじゃないよ」。祖母は、幼い私をその中に隠しました。

それから丸一日かけて、父の実家がある静岡との県境まで、15キロほどの道のりを歩きました。夜、両親や姉弟と再会できた喜びときたら。きびしい母が抱きしめてくれたことを、70年たった今も忘れられません。

豊橋空襲の犠牲者は624人。忘れないでください。戦争はどんな大義名分があろうと、無差別の殺しあいにすぎないのです。

岐阜空襲「熱い」「痛い」さけぶ声

松葉五郎さん（84歳）岐阜県本巣市

　岐阜空襲のときは、学校に通うため岐阜市の祖父母の家で姉と一緒に4人で暮らしていました。

　空襲警報が鳴った夜は暑かった。祖父は仕事で根尾村（現・本巣市）に行き、祖母と姉は先に避難しました。男一人が家に残るという町内のきまりで自分が残り、何もないことを願いました。

　空が明るくなったと思ったら、岐阜駅のほうから火があがるのが見えました。すぐに町内で掘った近くの防空壕に入りました。焼夷弾の地ひびきが伝わってきます。壕には30人ほどがいましたが、みんな身をかがめて奥に入ろうとしました。

「ここはもうだめだ」

　年配の男性がさけぶと、みんな一斉に飛びだしました。逃げる人ごみの中、私は自転車をひいて、祖母らと待ちあわせた市民病院へむかいました。燃えさかる建物のあたりでは「熱い」「痛い」とさけぶ声が聞こえてきます。街をぬけて、田んぼに隠れようとしましたが、焼夷弾の油でまたたく間に燃えひろがります。上ではB29が低空飛行していました。

　なんとか家族と合流して抱きあったとき、生きていると実感しました。途中でほうりだした自転車は、焼夷弾の金属筒があたってまがっていました。命があったのは本当に運がよかったと、身をもって知りました。

　もどると、家はあとかたもなくなっていました。唯一残ったのは、国民学校の卒業写真。偶然、祖父が持っていたのです。これを見ると、今でもあの夜の恐怖がよみがえります。

敦賀大空襲　頭だけ防空壕にねじこんだ

長谷雅晴さん（88歳）福井県敦賀市

44年1月、父のすすめで国鉄に就職しました。43年12月に、福井県立敦賀商業学校（現・敦賀高校）を一学期早く卒業しました。100人いた同期が卒業までにひとりまたひとりと戦地へかりだされていたので、戦争はごく身近に感じていました。

はたらきはじめて約1年半後の45年7月12日。敦賀大空襲があった日も、敦賀駅で貨車や客車の連結など運行管理を行う「車号係」としてはたらいていました。

午後11時ごろ、敦賀駅で列車の到着を待っていて、「えらいくるのが遅いな」と思っていました。すると突然「ウーン、ウーン」と警戒警報が鳴って、遠くのほうであられが降るような「ザァー」という音が聞こえました。

いそいで事務室にもどり、仕事の必需品であるそろばんや神棚、書類などを持って駅のそばにあった防空壕に逃げこみました。防空壕は満杯で、入り口につくと「今いっぱいや」と断られました。「そんなこと言わんといて」となんとか外を見ないようにして頭だけをねじこみ、空襲がすぎ去るのを待ちました。

何分待ったかはわかりません。ともかく空襲がおさまって、防空壕から出ると駅前は火の海でした。仕事場である駅舎も、大事な列車も貨車も燃えていました。「コンチクショー」という思いだけがつのりました。

日がのぼると、家をなくした人がうわんうわん泣きながら、焼け野原の中を歩いていました。「ともかく明日まで身をおかせて」と親戚にたのみ、断られる人も見ました。自分もふくめみんなが生きるために必死で、恥や外聞をかなぐり捨てる時代でした。

福井空襲で散った電話室の同僚

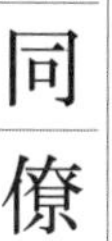

中辻ヒサ子さん（87歳）福井市

戦時中、私は福井市にあった福井郵便局電話室で、電話交換の仕事をしていました。福井空襲のあった45年7月19日の夜は下宿にいましたが、当番だった同僚20人は亡くなりました。日ごろから「空襲でも電話の交換台から離れてはいけない」と上司に言われていたのです。そもそも電話室が空襲にあうとは考えてもいませんでした。次の日の夜は、私が当番の予定でした。

亡くなった同僚の多くは20歳ほどの女性でした。仕事中は気をはっていましたが、休憩中は得意な子がオルガンをひくなど楽しかったです。年ごろの男の人は兵隊になって皆いなかったので、恋愛の話はなかったけれど。

おしゃれをする余裕もありませんでした。私は親が結婚相手を決めていましたが、兵隊として出ていて、いつ帰ってくるのかまったくわかりませんでした。体が元気なら、赤紙一枚で兵隊になるのはあたりまえ。ひどい制度でした。

空襲の夜、警報を聞いてすぐ飛行機がやってきたので、防空ずきんをかぶり、用意してあった小さなかばんだけ持って町はずれへ逃げました。親類のおばあさんに、体に火がついたら田んぼに入って消すよう言われ、とにかく一生懸命に走りました。川沿いの堤防を走っていると、照明弾であたりが明るくなり、まるでアリのようにたくさんの人が逃げているのが見えました。みんな、子どもや親の名前をよびあっていました。

次の日、街の中心部は焼け、死体がちらかっていました。下宿も焼けて何も残っていません。私は30キロほど歩いて実家にもどりました。のどがかわいてかわいてしかたなく、つかれとショックとで本当に地獄でした。戦争があったからこそ、いろんな経験ができたとは思いますが、戦争はもういやです。

静岡大空襲　母がかぶさり守ってくれた

桑原政江さん（81歳）静岡市葵区

静岡大空襲があったのは、旧制静岡第一師範学校の女子付属中学に入った45年の6月。夜中に突然、空襲警報もなしにドドンとはじまったんです。

母と私、叔母といとこ2人、となりの家の人の女6人で逃げました。駿府城の石垣と外堀があるところに逃げ、ひざぐらいまで水があるお堀に入りました。真夜中なのに、人の顔が判別できるぐらい明るいのです。

そこに近所の人がふとんを投げてくれ、バケツで水もかけてくれました。6人ふとんをかぶり、水の中にしゃがんでいました。どれくらい時間がたったか。母がふとんをちょっと開けると熱風が入り、母は右うでをやけど。私は灰が目に入り、痛くて痛くて、治るのに1カ月かかりました。

最後の米軍機がいなくなったのが朝4時近く。お堀の中に4時間くらいいました。そのときになって歯がガタガタ鳴り、ふるえが止まりませんでした。外は焼けて何も残っていません。ふとんがなかったら、死んでいたでしょう。運がよかっただけ。

自宅近くでは、静岡駅のほうにむかって手をあげたままの男の人が黒こげになっていました。半ズボン姿です。みんな感情がなくなってしまったようで、その人はずっとそのまま。しばらくして、誰かがトタンをかけてあげました。

死んでいる親子はたいてい、お母さんが子どもをかばっていました。母もお堀の中で、私といとこの上にかぶさってくれた。ありがたいと思います。空襲はトラウマ。お堀に入ったことは絶対に忘れない。

長兄は出征先の中国で病気になり、復員後、自宅で亡くなりました。父のなげきようときたら。長男でしたからね。「東条（英機元首相）に殺された」とさけんだのです。

浜松大空襲　焼夷弾の雨音

奥村利彦さん（83歳）浜松市中区

1931年、浜松市中心部に7人きょうだいの長男として生まれました。ずっと戦争が身近にありましたが、45年6月の浜松大空襲では「死ぬかもしれない」と覚悟しました。

戦況が苦しくなるにつれ、名古屋などの大都市だけでなく、浜松でも空襲が激しくなりました。最も大きな被害がでたのが、6月18日未明の大空襲です。市街地が一面焼け野原になりました。

2日前に市内の知人宅に祖父母と疎開していた私は、耳をつんざくような空襲警報でたたき起こされました。すでに米爆撃機B29の焼夷弾攻撃がはじまっていて、市街地からは火の手があがっています。近くの防空壕に走って逃げるときに、低空飛行するB29の大群がはっきりと見えました。

焼夷弾が雨のように落ちてきて、「ザーザーザー」と不気味な音がひびく。それがずっと続くんです。こっちにも焼夷弾が落ちてくるかもしれないと、祖父母と3人でふるえていました。ようやく空襲が終わって防空壕の外に出ると、激しい火災で空は赤く染まり、熱風がふきつけてきました。

市中心部に残っている家族が心配になり、歩いて実家にむかいました。道ばたには焼けこげた遺体がたくさん横たわり、からっぽの防火水槽に頭をつっこんだまま息絶えた人もいました。

実家のあった場所にたどりつくと、となり近所もすべて焼けて煙がくすぶっていました。家族をさがして歩きまわり、父と再会できたときは涙が出ましたね。幸い家族は全員無事でしたが、多くの友人や知人を亡くしました。

あんな苦しい思いは二度としたくないし、若い人にもさせたくありません。人と人が殺しあう戦争は、絶対にやってはいけないと思います。

津大空襲　一瞬で日常を奪った焼夷弾

桜井幸治さん（82歳）津市

終戦前の7月28日夜、津に大空襲がありました。当時12歳で津中学（現・津高）1年だった私は、空襲警報が鳴っても外がしずかで様子がおかしいと思い、家の前にいました。すると遠くのほうで照明弾が落とされ、まっ昼間の明るさになったのです。「いつもの空襲とちがう」。すぐに家の中の防空壕にもどり、母に4人の弟と妹をつれて海に逃げるよう言いました。

まもなく焼夷弾の投下がはじまりました。家に残っていたおやじと3歳上の姉と一緒に、うずくまって手のひらで目を隠し、親指を耳につっこみましたが、すごい地ひびきでした。

半年前の12月7日には、昭和東南海地震⑬がありました。地震は昼ごろ。学校の運動場で、大空襲のときとまったく同じ格好でゆれがおさまるのをじっと待ちました。天災ならまだしも今回は人災。「こんなもんもふせげんのか」とただただくやしかったのをおぼえています。

家の近くに投下された焼夷弾の火を消そうとしていてわが家をふりかえったら、炎が見えました。おやじが大きめのふとんを背中にかぶり、私は獅子舞のようにふとんの後ろを持ち、ひとりでふとんをかぶった姉とともに逃げました。翌朝、焼け野原の中のわが家になんとかたどりつき、母や弟妹とも再会できました。

幸い、防空壕の中までは焼けなかったので、大工だったおやじを手伝いながら、しばらく壕内で暮らしました。でもなんにもない。学校も勉強道具も焼けて、勉強どころではありませんでした。

戦争は、日常生活が突然変わるのです。それまでは戦時中とはいえ、どこか遠くでやっている印象がありました。でも大空襲をうけ、家が焼け、生活の基盤を一瞬で失いました。すべていちから作り直し。それが戦争なんです。

となりで息絶えた同い年くらいの子

西村専司さん（80歳）三重県紀北町

終戦直前の45年7月、国民学校5年生のとき、自宅近くの三野瀬駅に止まっていた列車が米軍機グラマン（③）の機銃掃射をうけて乗客が10人以上亡くなりました。遠方からきた人だったのか一部の遺体はひきとり手が現れず、子ども心にふびんに思いました。

駅の近くで遊んでいたら「バーン、バーン」という大きな音が聞こえ、上空に飛行機が3機見えました。ゴーグルをした米兵の顔がはっきり見えるほどの距離でした。

B29爆撃機が大阪などの都市にむかうために上空を飛ぶ姿は何度も見ていたのですが、実際に攻撃をうけたのはほとんどはじめて。4両ほどの編成の列車がちょうど上下線とも駅に停車していたので、目立ったのかもしれません。飛行機は山側から駅をこえて海側へぬけた後旋回し、3回にわたって攻撃してきました。

防空壕で息をひそめていると、途中で同い年ぐらいの男の子がころがりこんできました。腹を撃たれたようでうなり声をあげていて、お母さんが「がんばれ」とはげましていましたが、30分ほどで亡くなりました。となりにいた私は胸がどきどきしておさまりませんでした。空襲がやんでから学校に行くと、負傷者の収容所になっていました。子どもは校舎に入れてもらえなかったので壁をよじのぼって窓から中をのぞくと、むしろの上に亡くなった人たちが横たわっていました。道路に落ちた機銃の弾をたどって駅へ行くと、柱には爆弾の破片がびっしり。するどくとがった金属片がささっているのを見て「これが人を殺す道具なのか」と恐ろしく感じました。

空襲の前年の44年12月には、東南海地震で町に津波がおしよせ、集落の人が2人亡くなっていました。たいへん悲しいできごとでしたが、戦争で人が死ぬということはまた別。災害とちがって戦争は人と人がちゃんと話しあえばふせげたはず。駅にいた人が亡くなることもなかったと思うのです。

亡くなった兵隊さんの血を掃除

武久善彦さん（78歳）滋賀県東近江市

45年に本土空襲が激しくなりはじめると、滋賀にも飛行機が飛んでくるようになりましたが、爆弾は降ってきませんでした。当時は目視飛行ですからびわ湖を目印にしていただけだったんでしょう。

ところが、7月24日の朝はちがいました。見たことのない飛行機が4、5機飛んできて、近くにあった八日市飛行場の上空で急降下して機関銃を撃ちはじめたのです。国民学校にも爆弾を落としていきました。

すぐに学校へ行くと、爆風で校舎のガラスがほとんど割れていました。飛行場の兵隊さんが空き教室を宿舎にして訓練していましたから、ねらわれたんでしょう。ガラスをかたづけていると、ろうか一面にべっとりと血がついているのをみつけ、それも掃除しました。

学校には特別な兵隊さんがいました。20歳くらいの人で、あるとき、目玉焼きを焼いているところを見ていると「食べるか」と。それからは遊びにいくといつも食べさせてくれました。

空襲のしばらく後、いつものようにあの兵隊さんをさがしていると別の兵隊さんが「あの人、この前の空襲のとき、ももを撃たれて亡くなったんや」と教えてくれました。ああそうか。私が掃除したろうかの血がそうだったんだ、と思いました。

終戦後もつらかったです。8月29日、1歳の妹が栄養失調で亡くなりました。3歳の妹も1週間後に髄膜炎で亡くなりました。家のすぐ近くに陸軍病院がありましたが一般人は診てもらえず、遠くから医者がきたときには手おくれでした。

高校生のときにつくった詩があります。「ときが今なら死ななかったろう／戦争さえなければ　死ななかったろう／戦争が二人を殺したのだ…」。戦争はいけません。子どもたちはただ願うだけでなく行動で平和をつくってほしいと思います。

沖縄戦

第2次世界大戦末期の1945年3月から6月にかけ、日本軍は、沖縄本島と周辺の島に上陸した米軍とはげしい戦闘をくりひろげました。

米軍は沖縄を日本本土攻撃の足がかりとするため、3月26日、東シナ海にうかぶ慶良間諸島に、4月1日には沖縄本島に上陸しました。

米軍は上陸部隊約18万人をふくむ約55万人を投入。日本軍は約10万人の兵力で対抗しました。この中には「防衛隊」として召集された、17～45歳の、年齢や体力面から通常では戦闘員になりえないような人たちや、看護要員の女子学生たちもふくまれました。

兵力で劣る日本軍は、戦闘機ごと米軍の艦船に体あたりする「特攻」といういたましい戦法をつかいました。しかし、火炎放射器などをつかった米軍の圧倒的な戦力にはかなわず、沖縄本島南端まで追いつめられました。6月23日に日本軍の司令官・牛島満

洞窟の入り口を火炎放射器で焼き払う米軍兵（沖縄県平和祈念資料館提供）

墓の中から見つかった幼い姉弟（沖縄県平和祈念資料館提供）

中将が自決し、軍隊どうしの戦いは終わりましたが、８月に入ってもなお、生きのこった日本兵による抵抗が続きました。

沖縄本島では、女性や子どもをふくむ多くの住民が戦闘にまきこまれました。住民の多くはジャングルの中や「ガマ」とよばれる洞くつの防空壕に身をひそめ、米軍におびえながら劣悪な環境で生活することになりました。

沖縄県民の死者はマラリアによる病死や餓死をふくめ、約10～15万人におよんだと考えられています。日本軍の戦死者は学徒隊などをふくめ約９万４千人、米軍は約１万２千人。日本軍の陣地建設のためにつれてこられた朝鮮人労働者たちも犠牲となりました。

父も母も姉も沖縄戦の犠牲

比嘉俊太郎さん（76歳）愛知県瀬戸市

ぬかるんだ道。闇の中でにぎったおばぁの手。戦車からふき出る火炎の熱風。戦火を逃れ歩いたときの感覚は忘れることはできません。

沖縄に米軍が上陸した45年4月1日。上陸地から南へ10キロ弱くだった那覇市天久に住んでいました。私はその春、小学校にあがるはずでした。父が「ここにいては殺される」と言うので、母と3人の姉、おじらとに本島南端へ逃げることにしました。

家を出た後は、各地にもうけられた壕を転々としました。ある日、壕に日本兵が軍刀を持って現れました。「泣いたら殺すぞ」。息を殺していると、米軍の火炎放射攻撃にあいました。あわてて外に飛びだしたとき、小学校で使うつもりで持ち歩いていた白いくつをおき忘れたことに気づきましたが、とりにもどれませんでした。

2カ月がたったころ、あわてて壕に戻ってきたおじが「おとうが弾にやられたぞ」と。その数日後、外で洗濯中の母が砲弾にまきこまれ息をひきとりました。おじは「子どもに遺体を見せるな」とさけんでいました。一番上の姉もやぶの中で撃たれました。姉は腹から血を流し、うめき声をあげ、動かなくなりました。私たちは両手をあげて米兵の前にでました。おじは兵士にむかって片言の英語をまくしたてた後、だまって穴を掘り、姉を埋めました。

おじは父や母が亡くなったときも、目印となる岩をみつけては埋葬していました。戦争が終わって中学生になった私はおじと一緒に父らの亡きがらをさがしに行きました。遺骨はすぐにみつかりましたが、遺体を見すぎたせいか、不思議と涙は流れませんでした。

戦争は二度とごめんです。必ず住民がまきこまれるからです。沖縄には毎年帰っていますが、その気持ちはずっと変わりません。

「陛下にあやまれ」同胞切った兵

渡久地政子さん（75歳）愛知県豊田市

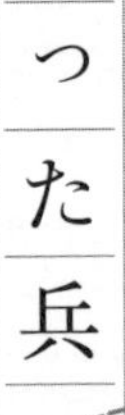

5歳だった私は、母と親戚のおばぁに手をひかれてサトウキビ畑沿いの道を歩いていました。背中から「ゴーッ」と音をたてた米軍機がやってきて、大粒の雨のような機関砲を撃ちこんできました。私はおばぁに襟首をつかまれ、畑に倒れこみました。その直後、雷のような音が鳴り、地面に4畳半ほどの穴があきました。おばぁが「シゲ！」と母の名前をさけびました。穴のふちから母が、土をはらいながら出てきて、間一髪、母に背負われていた弟も無事でした。

45年4月ごろ、沖縄本島に上陸した米軍から逃げるため、私と3歳の妹、1歳に満たない弟は、母と親戚のおばぁにつれられて、那覇から母の実家がある本島北端の山原にむかっていました。父は出征して家におらず、100キロの道のりを女と子どもだけで6日間かけて歩きました。

道中、たんかに乗せられた男の人とすれ違いました。腹がまっ赤にさけ、何かにむかってどなっていました。母らが私の目を手でおおってくれましたが、それでも山の中では、けが人や死体をたくさん見ました。

山原では祖父が面倒をみてくれ、山中に立てた小屋で生活していました。森の中で出会う日本兵は、ハブのように不気味な存在でした。ある日、日本兵が父娘の親子にどなっている場面にでくわしました。親子がひざをついて手をあわせた瞬間、日本兵が刀をふりおろしました。後で、親子は米軍の捕虜の服を着ていたせいで殺されたと知りました。日本兵は「天皇陛下に謝れ」とさけび、親子に東の方角をむかせ、自らを埋める穴を掘らせていました。

年を重ねた今、戦争は人を狂わせるものだとあらためて感じています。それは敵も味方もないこと。二度とやっちゃいけません。

苦しむ子どもの看護できず

山脇美里さん（88）三重県尾鷲市

夏がくるたびに思い出すのは45年の8月。18歳の私は出身地の長野県泰阜村をはなれ、宮崎県の県立病院で看護師をしていました。ある日、空襲警報のサイレンとともに、負傷者が次々と運ばれてきました。

下校途中の小学生がやられたようでした。体格のいい女子の頭からまっ白な脳みそが飛びだし、母親が「助けて」とつれてきました。その間も飛行機がびゅんびゅんと飛び「防空壕に入れ」と指示が。「ごめんなさい」とあやまって避難しました。3年生くらいの男子は、腹から腸が出ていました。「アメリカ兵をやっつけて」と泣いていましたが、次の患者の手当てにむかわねばなりませんでした。

終戦直前、病院も焼夷弾をうけ全焼。戦闘機に乗り、銃をかまえる米兵の姿が大木のかげから見えた恐怖は忘れられません。玉音放送を聞き、終戦を知ったときはとにかく涙が流れました。

懸命に看護するも助けられなかった

山口久枝さん（91）福井市

福井で看護師をしていた私は45年7月に日赤埼玉支部で働くことになりましたが、出発直前に福井空襲にあいました。逃げようと外へでるとパラパラと焼夷弾が落ちてきます。防空壕に飛びこみふるえていると、兵隊に「ここも危ないぞ」と教えられました。外は一面火の海。落ちていた板で火を消し、用水路づたいに山のふもとまで逃げました。

夜明けを待っていると、衛生兵が全身をやけどした学生を搬送してきました。懸命に看護しましたが、助かりませんでした。紫にはれあがった脚を今でもおぼえています。

埼玉でも毎晩のように空襲警報が鳴り、不安な夜をすごしました。戦争が終わり、空襲がなくなったのがうれしかったです。

焼け野原に赤ちゃんの遺体

安田武子さん（81）岐阜市

岐阜空襲の翌日、焼け野原となった小学校の防空壕の入り口で、赤ちゃんの亡きがらをみつけました。熱風にやられたんでしょう。目を開いて空を見あげ、ほおに焼きついた一筋の涙が今も忘れられません。ブロンズ像のようでした。

空襲では市街地から逃げる最中、母の服に焼夷弾の油脂がべっとりつき火がひろがったので、とっさに田んぼのどろをこすりつけ必死で消しました。家族5人とも命からがら逃げて無事だったのが、私にとって一番の幸せでした。

家族さがし 3日間さまよう

宇佐美宏子さん(75) 名古屋市千種区

ため池につかって身をひそめた夜、周辺の農家は炎に包まれていました。5歳のとき、徳島であった空襲の光景です。

はしかで床にふしていました。突然のB29の襲来にはだしで家を飛びだしました。家族とはぐれ、やけどした足をひきずり、火の粉のふる町を大勢の人の後ろについてさまよいました。家族との再会は3日ほどのち。「生きとったんか」と言った母の声が体に染みました。戦後70年、悪夢が再びおきる気がしてなりません。

荒れ果てた防空壕の外

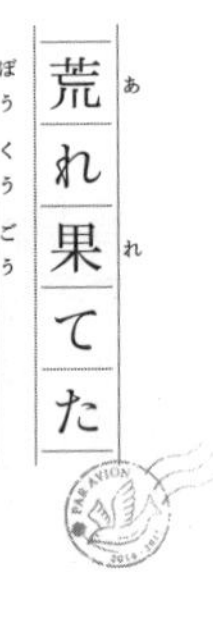

西尾貴美子さん(78) 愛知県武豊町

戦時中は今の徳島市に住んでいました。終戦前の数カ月は夜ごと、空襲警報が鳴りました。逃げこんだ防空壕からおそるおそる外に出ると、樹木に人の手足や衣服のきれはしがひっかかっていました。あわてて妹をつれて自宅へ。「命拾いしたんだ」と、木の下にへたりこんでしまいました。

毎晩、「空襲がありませんように」と枕元で祈っていました。みな生きてくれるといいなと思っていましたが、多くの人が亡くなりました。もう戦争はこりごりです。

学校帰りに ひとり空襲にあう

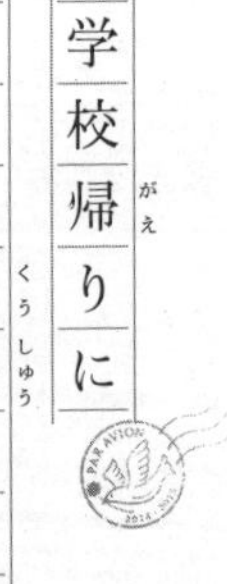

伊藤満子さん(81) 静岡県湖西市

ごう音に空を見あげると、黒い爆弾が落ちてくるのが見えました。45年の夏。小学6年の私は、学校からの帰り道でした。

「敵機がきたらすぐに身をかくせ」と両親に言われていたので、畑の堀に飛びこみました。家族そろって防空壕へ逃げこんだことは時々ありましたが、このときはたったひとり。ひとりで死ぬのはいやだと思いました。飛行機の音が聞こえなくなると、家まで必死に走りました。あれほど怖い思いをしたことはありません。

窓をめがけて機銃掃射

鈴木久和子さん（77）愛知県清須市

45年8月の国民学校2年の夏休み、お昼寝のときに警報が発令され、サイレンが鳴りひびくとすぐに艦載機がやってきました。家々の屋根の真上から、窓をめがけて機関銃でバリバリと撃ちこんできました。

あわててふとんをかぶり、居間のすみでガタガタとふるえながら祖母と抱きあったことを鮮明におぼえています。戦地で父親を亡くし、二度と「お父さん」と甘えられなくなった友達もいました。戦争は何ひとつつくりださず、人々を悲しませるだけです。

黒こげの遺体が道ばたに

徳田富さん（85）名古屋市中村区

45年7月、疎開先の愛知県一宮市で空襲にあい、家を焼けだされました。その年の春、見習い看護師になったばかりで、空襲翌日の朝、約3キロはなれた病院へ走って出勤しました。

道中は惨状でした。黒こげになった遺体が道ばたにころがり、皮膚が焼けただれたけが人がうめき声をあげていました。病院について私ができたことは、ピンセットで患者の傷口にわいた白いうじ虫をとりのぞくことくらい。70年たっても頭にこびりついてはなれない記憶です。

姉と手をとりあった朝

浅野昭一さん（87）愛知県一宮市

一宮市が焼きつくされた45年7月28日の一宮空襲。偶然、地区の特別警備隊での当番日で、被害状況を上官に伝えるため地区との間を往復しました。途中で中心地のほうを見ると、方々で黒い煙があがり、炎の中で工場の屋根が何枚もはねあがっていて、地獄のようなありさまでした。

翌朝、中心地に住んでいた姉をさがしに行くと、見渡すかぎり焼け野原。焼けあとに立ちすくむ姉をみつけたときは、2人で手をとりあい、言葉も出ませんでした。

小学校に何列もの遺体

武藤順子さん（83）愛知県東郷町

45年、中学1年生の私は名古屋市千種区の実家で名古屋空襲にあいました。警報が鳴るたびに防空壕へ逃げ火を消しにいき、ろくに眠れませんでした。

ある朝家の外へでると、坂の下の小学校の校舎が半分焼けおちて、家から見えないはずの校庭が見え、黒いものが何列もならべてありました。ぞっとしました。空襲で亡くなった人たちの遺体だったのです。

明日の命もわからない恐ろしい日々でした。あんな思いは二度としたくありません。

防空壕に爆弾命中 弟亡くす

林奈津子さん（80）名古屋市守山区

45年3月12日の名古屋空襲で、避難していた防空壕に爆弾が命中し、生後数カ月だった弟・正臣を亡くしました。私も全身に油をかぶりどろだらけに。母は悲しむそぶりも見せず、気丈にふるまいました。食べていくのにとにかく必死だったのだろうと思います。

おいうちをかけるように、名古屋城が焼けた5月14日の空襲で、千種区の自宅が全焼。その後、愛知県一宮市の親類宅に預けられました。弟のことを思えば、命があるだけ私は幸せです。

まともに見られなかった妹の遺体

西田幹夫さん（77）名古屋市天白区

浜松市の実家に住んでいた45年4月、空襲で家の近くに爆弾が落ち、爆風で家屋が全壊しました。家にいた当時2歳の妹・律子は即死、父は左うでを切断する重傷、母は右目を失明する大けがをしました。

私は3歳年下の弟と家の裏手にある防空壕に逃げこんだため、無事でした。死んだ妹と親戚の家で対面しましたが、首が曲がった無残な姿で、直視できませんでした。当時まだ6歳でしたが、この日の記憶はなぜか鮮明なままなのです。

ふくらんだ黒こげ遺体

原千鶴さん（77）愛知県春日井市

45年6月18日未明、浜松市に焼夷弾が投下され、7歳の私は母、姉、弟と近くの防空壕まで懸命に逃げました。壕の中には20人ほどがいて、爆弾が落ちるたびに大人は必死に念仏をとなえていました。私も「今日、死ぬのだな」と感じました。

爆撃の音がしずまり、外に出てながめた夜明けの空はまっ赤。道ばたには、風船のように体がふくらんだ黒こげの死体がいくつもころがっていました。この世のものとは思えませんでした。

空襲で必死に防空壕へ

林あや子さん（82）津市

45年7月24日、空襲で必死に防空壕へと走りました。入ったとたんに屋根がふきあがって、ドスンと落ちた。土煙で目が見えず、もう死ぬんだと思い、無我夢中に念仏をとなえました。弟が泣きさけぶ中、近くで激しい音がしました。爆弾がとなりの家に直撃したそうです。幸い防空壕の中の私たちは無事でした。

若者は戦場へ、子どもたちは十分な教育もうけられず、残された家族も死にものぐるい。戦争が二度とくりかえされないことを強く願います。

卒業の前日に友を失う

安藤利勝さん（83）名古屋市西区

45年3月、私は国民学校の卒業式に出るため、疎開先の愛知県豊田市から名古屋市にもどっていました。式の前夜、米軍の爆撃機が上空にあらわれ、焼夷弾を雨のように落としました。私は母と弟2人と一緒に炎があがる街を右往左往。爆風でたたみが紙きれのように舞っていました。

式のために親が新調してくれた服も焼け、一緒に出席するはずだった友人も亡くなりました。なんのために疎開し、名古屋にもどってきたのかとくやしくてたまりませんでした。

一週間「水をくれ」と叫んだ親友

岩永実さん(82)三重県松阪市

「ピカー」と大きな光が走り「ドーン」と大きな音がして町がまっ赤になりました。12歳の夏、故郷・長崎に原爆が落ちました。

爆心地から3キロの学校にいましたが、小高い山が壁になり、けがはありませんでした。近くに住んでいた親友が、戸板に乗って帰ってきました。全身大やけどで「水をくれ」とさけんでいました。薬がないので新聞紙の灰を傷口につけました。

親友は1週間、「水をくれ」とさけんで亡くなりました。そのときの顔が忘れられません。

仏具まで戦争の道具に

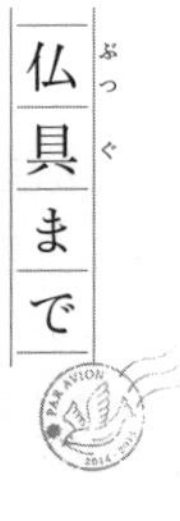

村上三智雄さん(78)名古屋市中村区

あちこちからあがる火柱と黒煙。9歳のころ、自宅の屋根にのぼって見た光景です。現在の愛知県あま市の自宅周辺も空襲の被害にあい、となりの集落の友人は爆撃にまきこまれ亡くなりました。同級生の顔にはケロイドが残りました。

このころは金属が不足し、私の家も仏壇の仏具をごっそり国にさしだしました。なぜ仏具が戦争の道具になるのかわかりませんでしたが、心のよりどころをとられたようで情けなく感じた記憶が残っています。

腹痛で休んだ日に空襲

佐橋 末夫さん(86)愛知県春日井市

手足がちぎれた黒こげの死体があちこちにちらばっている惨状が、いまだに忘れられません。

45年6月9日、勤労学徒としてはたらく名古屋市内の愛知航空機の工場が空襲をうけました。私は腹痛で休んでいて、翌日出勤して同級生らが犠牲になったのを目のあたりにしました。

悲しみとともに、亡くなった人に対して生き残って申し訳ないという気持ちにもなりました。戦争は戦場だけでなく、一般国民も犠牲になる恐ろしいものです。

1000個もの棺おけの列

田中 清さん（86）愛知県清須市

45年6月9日の名古屋市の熱田空襲で、愛知時計電機ではたらいていた市立第二商業学校の多くの仲間を失いました。市内の別の場所で特攻訓練に参加していて、自分は空襲をのがれました。

1週間後に工場にもどると、千個ほどだと思いますが棺おけが整然とならんでいました。手や首だけの死体もあり、見られたものではありません。壕に逃げようとした同級生は、内臓破裂のため「もう少しで逃げられたのに」と言って入院先で死にました。

火柱になったイチョウ

服部 文枝さん（82）愛知県豊橋市

45年6月19日夜から20日未明にかけ、市街地の大部分を焼いた豊橋空襲にあいました。一家9人で防空壕に身をひそめていると、父が「逃げよう」と言うので、いちもくさんに橋のかげを目指しました。

近くの家はすべて焼け、かわらの落ちる音がひびいていました。神社の大イチョウの木は天をつくように火柱となっていました。ぼうぜんと立ちつくし、かたわらで母が泣いていました。戦争のにおいがしてきました。子どもたちには絶対に、体験させたくありません。

雷のような焼夷弾の光

角谷 しづゑさん（81）愛知県碧南市

45年7月19日夜の岡崎空襲では、自宅敷地の防空壕も危険な状態になり、山のほうへ川ぞいの田んぼ道を逃げました。

母は妹を背負い、私は弟の手をひきました。道中は逃げる人でいっぱい。暗闇の中、焼夷弾が雷のように光り、火の手が今にもおおいかぶさってくるようでした。小高い山の寺にたどりついたとき、B29の爆音は聞こえませんでしたが、炎で赤く染まる岡崎の中心部が見え、「街は全滅だな」との声があちこちでもれました。

赤い炎に包まれた岡崎

安井 好勝さん（75）愛知県岡崎市

今は夏の花火大会を見るためにおとずれる矢作川の堤防が私たちの避難場所でした。45年7月20日未明の岡崎空襲。5歳だった私は、夜の街が赤い炎で埋めつくされるのをながめていました。火は私たちの家をおおい、こちらにせまってくる。父も母も無言でした。

夜が明けてからも、家路を歩くうちに敵機と遭遇。近くの畑にふせてなんとかやりすごしましたが、道のあちこちに黒こげの死体がころがっていました。今も昨日のことのように思い出されます。

市街地まっ赤に染まる

杉山 仁さん（84）岐阜県多治見市

炎に包まれ、燃えつきようとするわが家、市街地はまっ赤に染まっていました。45年7月20日未明の岡崎空襲。防空壕ですごした時間は忘れません。

当時、中学2年。学徒動員で岡崎近郊の軍需工場で爆撃機の翼をつくっていました。「銃後の守り」（㉝）に徹するよう教育をうけ、日本が負けるとは思いもしませんでした。無差別な空襲をうけ、全面戦争になれば「前線」などなく、どこが戦場になってもおかしくないと感じました。

飛びこんだ川は熱湯のよう

玉村 幸枝さん（88）富山市

逃げこんだ川は焼夷弾で熱湯のようでした。どうしてよいのかわからず、母親の法名を必死でとなえました。助かったのは亡き母親のおかげです。

45年8月1日深夜から2日未明にかけ、米軍のB29が、富山市内に大量の焼夷弾を投下しました。富山大空襲です。女性ながらバスの運転手だった私は、同僚6人を乗せ、近くの川にのがれました。B29が飛び去ったあとには、死体が川べりにあふれていました。悲惨な記憶は今も忘れられません。

水面は地獄だった

上林慶市さん（88）岐阜県高山市

憲兵として名古屋城周辺を警備していたとき、空襲警報が聞こえました。からっと晴れた青空に、最初は小豆ほどの大きさだった爆撃機がみるみる近づいてきて、焼夷弾が雨あられとふってきました。すぐに堀に飛びこみ、息が続くかぎり水の中に身をひそめていました。息を吸うため浮上すると、50人以上の遺体が浮いていて、地獄のような風景だったのをおぼえています。

子どもや孫たちにみじめな思いをさせたくない。戦争は二度とおこしてはならない。

機雷爆発深く大きな穴

松下ナミ子さん（91）富山県射水市

45年6月16日、B29が富山県新湊町中町（現・射水市）に投下した機雷が電線にふれて大爆発。爆風でふき飛ばされました。左目のけがですみましたが、まきこまれた住民26人が亡くなりました。爆発地のアスファルトがめくれ、すりばち状の大きく深い穴が開いていたのをおぼえています。

当時は小学校で先生をしており、女子児童らと穴を掘り、防空壕をつくりました。雨水がたまり、空襲の間、どろ水に胸までつかって耐えたことが忘れられません。

銃弾が耳元をかすめる

吉田弘見さん（86）愛知県半田市

愛知県半田市にある現在の日本ガイシ知多事業所につとめていた45年7月15日、米軍機の機銃掃射をうけました。

私の仕事は工場付近へ飛来する米軍機の監視でした。三河湾を北上する機影をみつけ、屋上のやぐらから双眼鏡で機体の動きを追っていました。突如、米軍機が進路を変えてむかってくるのが見えました。とっさに身をふせると同時に、「シューン」と銃弾が音をたてて耳元をかすめました。あの恐怖は絶対忘れられません。

焼夷弾　ふとんかぶり山へ

松本 索さん（86）津市

津市の津海軍工廠で、ゼロ戦（25）のエンジン部品を製造していました。45年7月28日の深夜は、津市で空襲にあいました。上空のB29から焼夷弾が次々とふってきて、ふとんをかぶって山へ必死で逃げたんです。

私が利用している福祉施設では、戦争で家族を亡くした他の利用者が楽しそうに笑っている。憲法9条で戦争をやめると決めたのに、外国の戦争を応援する金があるのなら、少しでも福祉に予算をまわしてほしいと願います。

被災者へのおにぎり　連日にぎった

青山サエさん（86）岐阜県中津川市

45年8月7日の豊川空襲は忘れられません。前年に勤労挺身隊として地元の6人で愛知県豊川市の豊川海軍工廠へ行き、事務の仕事をしました。

あの日、空襲警報が鳴り、空を見るとB29の編隊が飛んでいました。4人でいそいで近くの防空壕へ。爆音がひびく中、肩を抱きあい、生きた心地がしませんでした。しずかになり、そっと外にでると何もかもがむざんに破壊されていました。終戦まで連日、被災者に配る米と麦のおにぎりをにぎりました。

うれしかった　憲法9条

後藤和子さん（83）愛知県豊橋市

愛知県豊川市の「東洋一」の兵器工場ではたらいていた13歳の夏。すさまじい爆撃にあいました。

爆音と地ひびきの恐怖の中、防空壕から防空壕へと逃げました。最後の壕でふるえたままの友達をひきずってでもつれだせばよかった。一緒にいた24人中、5人が亡くなりました。終戦まであと8日でした。

「今後、いっさい戦争をしない」と憲法9条ができたのは高校生のとき。おなかの底からうれしくて、みんなで抱きあって喜びました。

米軍機撃墜 近くの山へ

栢本茂男さん（79）三重県名張市

45年6月5日のことです。上空で、神戸空襲帰りのB29米軍爆撃機が、日本軍機に撃墜されました。私は集落近くの山へ落ちていく一部始終を学校からの帰り道に見ました。

山奥なので、空襲はなく、戦争は遠い場所でおきているものと。実際に見たら、爆音にふるえました。

終戦後、パラシュートで脱出した捕虜が処刑されていたと知りました。戦争の残虐さには怒りをおぼえます。地域では毎年夏、敵味方関係なく、一緒にとむらっています。

名古屋空襲直後の広小路通り

7章

軍隊の思い出はつらく、苦しく

特攻志願せず　刀で脅された

塩沢君夫さん（90歳）名古屋市昭和区

「学徒出陣」（34）があった翌年の1944年10月、前橋の予備士官学校に入りました。戦局がどんどん不利になり、学校では敵軍の戦車に爆弾をしかける練習など本土決戦（12）にそなえた訓練ばかりしていました。

ある日、校内で「どういうところで戦争がしたいのか」とたずねる調査があり、私は歩兵を選びました。調査票には特攻（4）も選択肢の一つにありましたが、飛行機に乗れるわけでもなく、特攻を志願するのは現実的ではないと思っていました。ところが、調査票を見た上官から「どうして特攻を志望しなかった」と呼びだされました。「非国民だ」「国のために死なないのか」などとどなられ、持っていた刀をふりあげられました。

あとからわかったのですが、200人いたうち、特攻を志願しなかったのは意外にも私だけでした。きびしい訓練をくりかえしながら、身内では「寒いな」とか「早く戦争が終わってほしい」とか本音で話していたのに、なぜか上官の前では思っていることを隠してしまいます。

今、戦争資料館が全国にありますが、私には戦争の実態を十分伝えているとは思えません。「国民はお国のために死んでもかまわないと戦争に協力した」というのは作られたイメージで、本音では特攻をいやだと思ったり、戦争に反対する人がたくさんいました。

戦争の反省として、自分の考えていることや自分の気持ちを自由に表現し、発表し、行動する世の中でなくてはいけないと思います。しかし、今は特定秘密保護法の成立や集団的自衛権行使容認の閣議決定などでそうした自由が失われつつあるような気がします。

戦争がはじまる前も、こんな雰囲気だったと思います。終戦後、私より10年くらい年長の人たちは、軍の暴走をくいとめられなくて申し訳ないとあやまった人もいます。今の子どもたちの将来を考えれば、今は本当に大事な節目だと思っています。

死が怖いと考えることもできず

小早川 勝さん（97歳）愛知県豊田市

軍隊に召集されたのは、1938年の1月。20歳でした。母親を病気で亡くし、故郷の広島県で父親と農業で生計をたてていました。

満州事変（P.49参照）のあとで、日本全体が高揚していた。私も軍隊にあこがれを持っていて、兵役に服すことが名誉だと思っていました。出征のときは家の外に日章旗をかかげて、「祝入団」と書かれたのぼりが立てられ、家族や親戚がバンザイして見送ってくれました。

日米開戦のときは、茨城県の霞ヶ浦海軍航空隊にいました。司令部に集められて「米国に宣戦布告した」と伝えられた瞬間、「ついにはじまったな」と思いました。

軍の上層部は米国に強い敵対心を持っていたと思うのですが、一兵卒の自分は正直、そこまで深い憎悪は感じていなかった。他人のけんかを見ているような感じです。それよりも規律のきびしい兵隊生活で、自分の任務を遂行することが重要でした。上官の命令は絶対。当時は戦争が怖いとか、死ぬのがいやとか、考える余地も与えられていません。

飛行機の整備要員として配属になった伊保原飛行場（今の愛知県豊田市）では、特攻隊「草薙隊」㉚の燃料補給を担当しました。出撃していく隊員たちを見送るときは「とうとうあいつも行くのか」と思いました。涙はでません。自分は戦闘員ではありませんでしたが、死ねば靖国に行く。それで悔いはないと思っていました。

今のように新聞やテレビでいろいろな情報が入ってくる時代じゃないから、日本がどんな状況にあるかなんてわからない。最後の最後まで日本が負けるはずないと信じていました。違和感の持ちようがなかったし、違和感があったとしても、指導者が進めといった方向にみんなで束になってむかっていく。それが怖いとか、感覚がまひしていたというのは、今だから言えることだと思います。

目的を聞かされぬまま人間魚雷整備

近藤政夫さん（88歳）愛知県豊田市

父は日露戦争（㉟）に出兵した海軍の元軍人。その経験を誇りに生きていたので、太平洋戦争をむかえてから息子の私も国のために奉公しなければと思い、志願して同じ海軍に入りました。

終戦までの半年間は、人間魚雷「回天」（㊱）の拠点だった山口県・平生基地にいました。搭乗兵ごと敵艦につっこむ海の特攻です。

整備兵だったので、魚雷を分解して再び組み立てる、という作業をひたすらくりかえしました。回天は黒っぽくて、全長15メートル近くある長い機体。工具を手にして、いじり続けました。搭乗兵が2、3日おきに海へ訓練に出るため、それまでにいそいで完成させなければならない。食事の時間もまともにとれず、整備兵たちは交代しながら夜遅くまで作業しました。

でも、特攻の基地だったからか、世間にくらべると待遇はよかった。1日3食はでるし、たばこや洗濯せっけんの配給もありました。搭乗兵は祝日になると、当時では貴重な銀めし、今で言う白いごはんもでていた。

ある日、自分が所属する班の先輩が搭乗員たちと一緒に、回天をつんだ潜水艦で前線へでました。整備要員の先輩は、幸い1カ月後に帰還しましたが「今度はおまえが前線へ出る番だぞ」と言われました。もちろん死ぬことは覚悟して軍に入ったつもりでしたが、「いよいよか」と腹をくくった瞬間です。

結局、出番を待つ間に戦争は終わりました。自分が整備していた魚雷が特攻に使われていたことは当時なんとなくわかっていましたが、明確には聞かされていませんでした。終戦の玉音放送も聞いた記憶がありません。基地というのは閉ざされた空間で、内外から情報が遮断されていたんでしょうね。

特攻隊の戦友を追って

竹山永市さん（92）名古屋市東区

短き間なれど
我の我儘を許せ
我が最后に我を知る友を得たるは幸なり
我が只一人の友を置いて、
俺は先に行く、淋しさ此上なし
空母を「えさ」にし、最后迄貴様と一緒に行く
さらば　死んでから又一緒に散歩する

知覧（鹿児島県南九州市）や目達原（佐賀県吉野ケ里町）の飛行隊でともに特攻訓練にはげんだ戦友が、出撃直前に私にかけよって手渡したノートの走り書きです。この戦友とは外泊許可がでたときに旅館でいも焼酎をくみかわした間柄でした。文面を読みかえすたび、涙がこみあげます。

45年5月20日、私にも特攻隊の一員となる命令がくだりました。上官の前では、緊張のあまり、全身のふるえが止まりませんでした。

私は出撃命令がでる前に終戦をむかえました。芦屋基地（福岡県芦屋町）で命令を待っている間は、死を覚悟していたつもりでしたが、「生きたい」という葛藤もでてきました。

玉音放送は訓練からもどったあと、飛行場で聞きました。仲間と話しあい「少しでも沖縄に近づこう」と決め、自決用の毒薬を持って飛行場をあとにしました。暗い山中をさまよい、たどりついたのは明かりのともった民家。戦争は終わったのだと実感し、沖縄にむかうのをやめました。

知覧、目達原でともに訓練した仲間が、戦闘機で米艦に体あたりし、散っていきました。戦地で死ねなかった自分がはずかしく、復員後はしばらく特攻隊員だったことを隠して生きました。戦友が好きだったシューベルトの「菩提樹」。この曲のやさしい調べを耳にするとき、日本が平和を求め続ける国であり続けてほしいと願えてなりません。

理不尽なことと耐えるばかり

塚谷保さん（90歳）福井市

PAR AVION 2014-2015

ふるさとの福井をはなれ、東京で消防士をしていた45年1月、食料や武器などを輸送する「輜重兵」として中国の漢口に出征しました。

最前線ではなかったので、直接武器を持って戦うことはありませんでした。それでも「いつ襲われるかわからない。絶対にひとりで出歩くな」と言われました。夜間行軍中、突然襲われたこともありました。

軍隊では「上官の言葉は天皇陛下のお言葉と思え」と教えられました。絶対に口ごたえはできません。先輩のたばこを買いに行く途中、別の先輩から頼みごとをされました。「他の用事をしている」と言うと「なまいきだ」となぐられました。たばこを買って帰ると「遅いじゃないか」とまたなぐられました。理不尽ですが、受け入れました。

中国では捕虜の世話もしました。毎日顔をあわせていると、言葉は通じなくても親近感がわいてきます。乱暴な上官が近づくと、こっそり「かくれろ」としぐさで伝えました。終戦後は立場が逆転し、捕虜として働かされましたが「おまえは親友だ」といじめられることなく、まんじゅうをもらうこともありました。もちろんみじめな思いもしました。道路そうじ中、中国人の子どもがニヤニヤしてそうじしたばかりのところにごみを捨てました。怒ってほうきをふりあげると「なぐってみろ」と挑発してきます。手をだして責められるのは捕虜の私。くやしさをおし殺してそうじを続けました。

戦争中は実家と連絡をとれず、福井が空襲にあったことも帰国して知りました。幸い家族は無事でしたが、親戚のひとり息子が妻と赤ん坊を残して亡くなりました。本当は東京ではたらきたかったのですが「彼女のむこになってくれ」と頼まれ、親戚の家を継ぎました。

戦争は理不尽なことばかりで、たくさんの命が失われます。みじめな思いは、もうしたくありません。

戦時下でできた中国人とのきずな

中神 真太郎さん（95歳）愛知県豊橋市

40年1月に召集されました。第三師団司令部参謀部に所属し、情報収集に従事しました。戦後の46年春に帰還するまで中国・湖北省応山を拠点に大陸を歩きまわりました。

応召前、商社に勤務していたころ、語学を学び、めずらしく中国語ができました。そのため戦地では軍服ではなく中国服を着て、身も心も中国人になりきりました。投降してきた中国人を2000人ほど部下にし、電話の盗聴や文書翻訳、スパイの手配、捕虜への尋問、現地での食料確保などなんでもやりました。

応山の市場に通い、国民党軍の本拠地がある重慶方面からきた出かせぎ農民に、高価なカメラや時計を持たせてやったことがあります。「家族の面倒はまかせておけ」とやさしい言葉をかけることも忘れませんでした。もちろん、敵軍の位置や進路を把握するためです。ふりかえれば、祖国を売るよう中国人をそそのかす仕事ですが、当時の私は「蔣介石㊲を たおして東亜民族が手をにぎるためだ」と本気で信じていました。

一緒に仕事をしていくうちに、中国人がすなおで、人をうらぎらない民族だとわかりました。いったん信頼関係を築くと、「中神さんのためなら」と懸命にはたらいてくれました。日本に帰還する際、部隊に残っていた彼らに「しっかり生きろ」とありったけの金をわけ与えました。今はどうしているのかわかりませんが、中国に恩返ししたくて、戦後は豊橋地区日中友好協会の役員になりました。

当時は、政府が「右むけ右」と言えば、国民はなんのうたがいもなく右をむいた時代でした。私は戦争のためでしたが、今の子どもたちには自分の意志で外国語を学び、実際に、その国に行ってみてほしい。同じ人間です。腰をすえて話しあえば、どんな人とも良好な関係を築けます。それが、戦争のない世の中をつくる第一歩だと思います。

無謀な戦いと知っていても

稲垣 勝博さん（95歳）愛知県瀬戸市

日米開戦直前、私が所属する鉄道第九連隊はシンガポール攻略㊳にそなえ、カンボジアにいました。41年12月8日、タイへの侵入がはじまりました。

バンコクへむかう途中、1枚の中国語新聞を手にしておどろきました。見出しに「日本、英美両国、開戦」と書いてある。美国は米国のこと。英国との戦争はわかっていたけど米国も相手と知って、これは容易な戦争ではないと思いました。

というのも米国の軍事力がいかに巨大かということは、徴集前まではたらいていた名古屋・大曽根の三菱電機で感じていました。私が作っていた誘導電動機は、米国の部品を輸入して作っていた。技術力がケタちがいなのはよく知っていました。

それでもしばらく日本軍は優勢で進撃しました。シンガポールに渡る橋の両側には英国兵の腐敗した死体が数多く浮いていました。あわれなものでした。誰も収容しませんから。シンガポール攻略後は、ビルマ（現・ミャンマー）とタイをつなぐ泰緬鉄道建設にあたり、将校の私は連隊や大隊の無線通信を指揮、監督しました。

終戦後、私は捕虜虐待のうたがいをかけられ、戦犯容疑者としてラングーン（現・ヤンゴン）の刑務所に入れられました。毎日のように捕虜による「首実検」をさせられましたが、私は通信将校ですから一人の捕虜も扱っていません。誰も弁護してくれないし、気味が悪かったです。

三菱時代はハイキング、スキー、映画を楽しんでいました。兵隊には行きたくなかったけど、逃れるすべはなかった。行けば地雷やゲリラ襲撃を怖いとも思わず、コレラでばたばたと死ぬ中でも任務をこなしていました。戦争になれば、みんな常識がまひしてしまうのです。

訓練中に事故　療養を恥じる

三輪野 正義さん（89歳）愛知県豊橋市

祖国を守る大義のもと、43年4月、あこがれの飛行予科練習生として、三重海軍航空隊に入隊。１年間、なぐられながら軍人精神をたたきこまれました。

翌年、上海航空隊で半年間の専門訓練を経て、高雄（台湾）の航空隊に配属。ヒヨコながら飛行訓練に入りました。

８人で着陸訓練中、事故がおきました。機体がかたむき「ドカン、ガリガリ」と大きく旋回。滑走路をはずれ、芝生に乗りあげたかと思うと、整備中の輸送機が目前にせまり、声もでないまま意識を失いました。

何時間たったか、口の中が血でべっとりと息苦しく、全身が痛くて動けない。意識がうすれ、目をあけると顔や右手が包帯でまかれ、動けなかった。同乗の8人中、7人が死にました。日本の病院で手術するため、年末に帰国しました。

私はいわば羽の折れたヒヨコ。自分だけ生きているのがはずかしく、退院したら、もう一度飛行機に乗りたいと思っていました。死んでもいいから戦地で活躍したいと。沖縄では特攻作戦がはじまったのに、病院でゆっくり療養しているのが本当に申し訳なかった。

7月に静岡の大井航空隊の教員となりましたが、戦況悪化で燃料もなく、飛行作業はすでに中止されていました。そして終戦の玉音放送。東京からの戦闘機が「最後までがんばるぞ」とビラをまいていき、一時、異様な雰囲気にもなりました。天皇が直々に言うのだからと思いつつ、なんのために毎日緊張して一生懸命訓練をしてきたんだと、虚脱感でいっぱいでした。

上海航空隊は卒業生１３２人のうち、特攻などで63人が戦死しました。今でも右手は不自由ですが負傷したから生きている。でなければ、特攻か、空中戦か。無事に生きて帰ることはなかったでしょう。

連隊仲間の玉砕に涙

丸山忠雄さん（95歳）長野県塩尻市

松本歩兵第五〇連隊に入隊したのは40年のことです。第三中隊に所属し、きびしい訓練をうけました。1年後、満州の遼陽にある関東軍教導学校に入校。卒業後は、遼陽に駐屯してきた五〇連隊に復帰し、4千数百人を指揮する連隊長づきの秘書官として業務にあたりました。

五〇連隊は44年1月に南方に転戦し、北マリアナ諸島のテニアン島で全滅したのですが、私は、連隊がテニアン島にむかう直前、埼玉県朝霞市の陸軍士官学校の教官を命ぜられ、日本に帰還しました。まさに運命のわかれ道でした。

今も忘れません。転任日の朝。氷点下30度近くにもなる厳冬の遼陽駅に、連隊副官や第三中隊長、戦友ら60人ほどが見送りにきてくれ、「体に気をつけてがんばれよ」と声をかけてくれました。

そのときは南方への転戦のことなど知らず、士官学校で教官を4年ほどつとめれば連隊にもどれると信じ、みんなと別れました。

五〇連隊の玉砕は士官学校で知りました。私が連隊をはなれたわずか12日後にテニアン島におもむき、5カ月後に米軍の猛攻をうけたのです。「死ぬときは一緒だぞ」と言いあってきた仲間の死に、ボロボロと涙がこぼれ落ちました。転勤がなければ私もテニアン島に行っていたはず。そう考えると、自分だけ生き残ってしまったという思いで頭がいっぱいでした。

2000年にテニアン島を慰霊におとずれました。浜辺に第三中隊が建造したトーチカ㊴が1基だけ残っていました。この地で最期をむかえた戦友の顔が浮かび、涙が止まりませんでした。戦争は人がひきおこすもの。悲惨な戦争をくりかえさないために、何が必要かを考えてほしいと思います。

泣いてけずった銃の御紋

豊田昌夫さん（89）愛知県一宮市

きびしい日ざしの中、スコップを手に1列にならんで山中の土を黙々と掘り続けました。直径1メートルほどの大きさになると、となりの仲間がつぶやきました。「ここがおれたちの死に場所だ」。背筋が凍りつきそうでした。

終戦直前の鹿児島県川内市（現・薩摩川内市）。45年7月中旬、愛知県豊橋市内の工兵隊から、川内市の山中にあった陸軍部隊に配属されてすぐのことです。

きびしい訓練をうける日々。なぐられるのは日常的で、脱走兵はすぐにつれもどされ、竹刀でなぐられたうえ炎天下で立たされていました。中でも忘れられないのは、手りゅう弾を手に、木製の戦車の模型のようなものにむかって飛びこむ練習です。恐怖で足がすくみそうでしたが、「戦況が切羽つまっている証拠。お国のためにがんばろう」と自分をふるい立たせました。

8月15日、「重要な知らせがあるから集まれ」と上官に呼ばれ、全員で玉音放送を聞きました。みな、肩を落として泣いていました。まもなく来る進駐軍に、軍旗や武器を渡さないといけない。銃に菊の御紋㊵が入ったまま手渡すことだけは、どうしてもしたくなかった。みな敗戦した情けなさをかみしめながら、たがねを使って泣く泣く御紋をけずりました。

半月たってようやく帰郷が許されました。一宮の駅におりたつと、なつかしい故郷の風景は一変、一面が焼け野原と化していました。幸いにも北部にあった実家と家族は無事でしたが、あまりの惨状にがくぜんとしました。

私が卒業した一宮商業学校（現・一宮商業高校）の同級生150人のうち、戦後生き残ったのはたった20人。子どももふくめた多くの命を奪った戦争はもう絶対にくりかえしたくはありません。

人よりも菊の紋章の銃

植村功さん（91）長野県南木曽町

出征し、貨物船でベトナムにむかっていた44年1月のことです。昼飯をすませて甲板にでたところ、飛行機の爆音が。友軍機と思い歓声をあげましたが、次の瞬間、船内に空襲警報が鳴りひびきました。船は機関部に爆撃をうけ、浸水がはじまりました。

他の船に移ることになりましたが、最初に移されたのは菊の紋章がついた銃でした。最後が兵隊です。私たちの中隊は最後まで残され、星明かりの中、船がしずむ直前に助けだされました。

装備も食べものもおぞい

都竹恭之介さん（92）岐阜県下呂市

43年に陸軍に召集されました。装備も食べものも、おぞい（飛騨弁で「粗悪」という意味）、なさけない、弱い兵隊でした。前線にでることはなく、浜松市で終戦をむかえました。連隊長に「腹を切りましょう」とつめよりましたが、「君たちが日本のために生きねばならない」とたしなめられ、思いとどまりました。

5歳上の兄を、南方でかかった病気で亡くしました。子どもたちには、戦争をするなと伝えたい。

足の甲に残る黒いアザ

大西嘉七さん（92）名古屋市天白区

法政大2年だった43年12月、学徒動員で陸軍に入隊しました。45年5月、山口・宇部港から台湾北部の基隆へむけ出港。途中、6隻いた味方のうち3隻が米潜水艦の攻撃をうけ撃沈されました。私の船は偶然無事だった。

台湾上陸後、米軍の艦砲射撃による不発弾が、左足に命中しました。足の甲には、このときの黒いあざが残っています。軍では毎日上官になぐられ、食事も満足に食べられなかった。思い出したくもない苦い記憶です。

8章

戦場は血の海だった

太平洋戦争の戦いはどこでおこなわれたか

３年８ヶ月続いた太平洋戦争は広範囲におよびました。油田や鉱物資源を手にいれようと、真珠湾攻撃と同時にマレー・シンガポール攻略がはじめられ、続いてジャワ・スマトラに侵攻、戦域をひろげていきましたが、各地で米英などの連合国軍に敗北し、多くの命が失われました。戦没者（戦争で亡くなった人）３１０万人のうち、２４０万人が日本本土以外（沖縄、硫黄島ふくむ）で命を落としています。

海外戦没者の遺骨は、サンフランシスコ条約の発効した１９５２年から日本に返されました。しかし、戦後70年たった今でも、半分近くの１１２万８千の遺骨は収容されないまま、海外に眠っています。

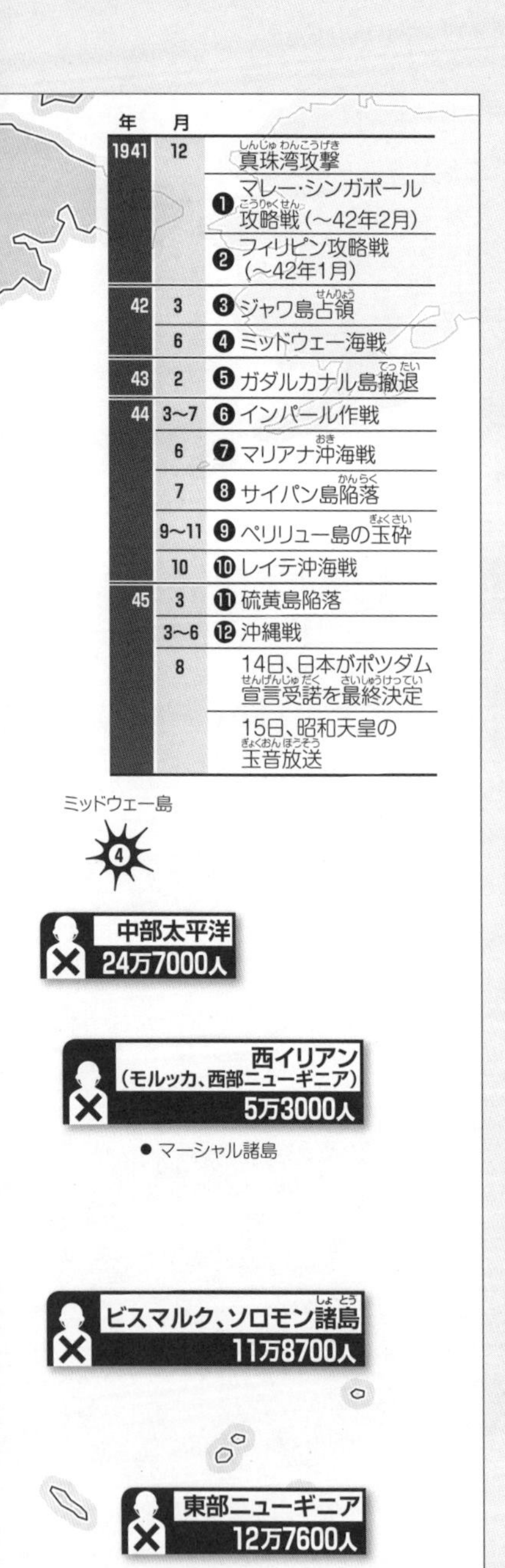

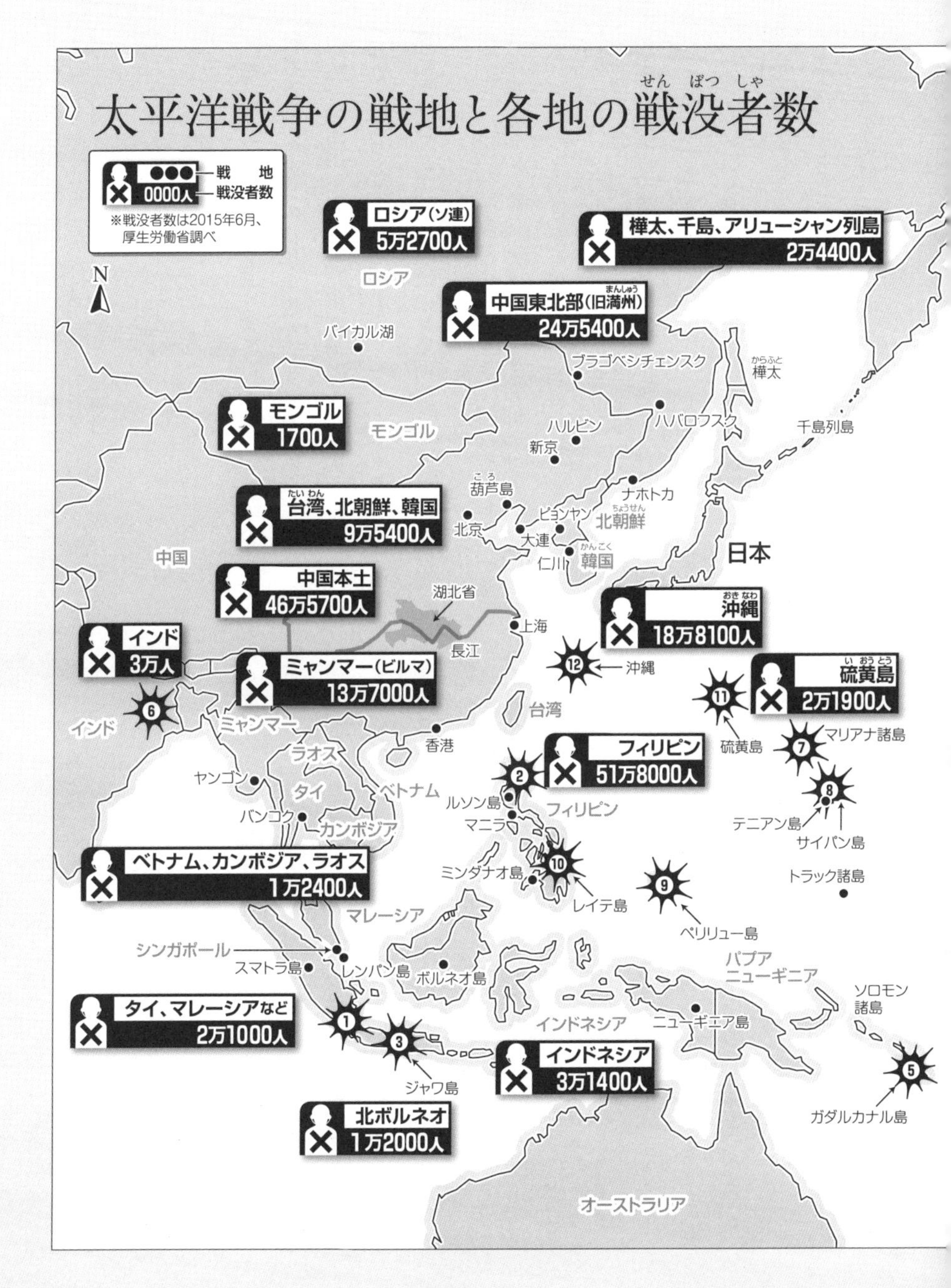

太平洋戦争の戦地と各地の戦没者数
●●● 戦地
0000人 戦没者数
※戦没者数は2015年6月、厚生労働省調べ
ロシア(ソ連) 5万2700人
樺太、千島、アリューシャン列島 2万4400人
中国東北部(旧満州) 24万5400人
モンゴル 1700人
台湾、北朝鮮、韓国 9万5400人
中国本土 46万5700人
インド 3万人
ミャンマー(ビルマ) 13万7000人
沖縄 18万8100人
硫黄島 2万1900人
フィリピン 51万8000人
ベトナム、カンボジア、ラオス 1万2400人
タイ、マレーシアなど 2万1000人
インドネシア 3万1400人
北ボルネオ 1万2000人
ロシア
バイカル湖
ブラゴベシチェンスク
樺太
ハバロフスク
千島列島
モンゴル
ハルビン
新京
葫芦島
ナホトカ
ピョンヤン
北朝鮮
北京
大連
仁川
韓国
日本
中国
湖北省
上海
長江
沖縄
台湾
インド
ミャンマー
香港
硫黄島
マリアナ諸島
ラオス
ヤンゴン
タイ
ベトナム
ルソン島
フィリピン
バンコク
カンボジア
マニラ
テニアン島
サイパン島
ミンダナオ島
トラック諸島
レイテ島
マレーシア
ペリリュー島
シンガポール
スマトラ島
レンパン島
ボルネオ島
パプアニューギニア
ソロモン諸島
インドネシア
ニューギニア島
ジャワ島
ガダルカナル島
オーストラリア

撃たれた友の救助も許されない

桐山俊雄さん（89歳）岐阜県山県市

真珠湾攻撃（1941年12月8日）のとき、私は16歳。岐阜県乾村（現・山県市）の青年学校から愛知県段嶺村（現・設楽町）の段戸鉱山に派遣され、坑道でどろと汗にまみれていました。日がのぼってから暮れるまで、ダイナマイトで掘りだされる鉱石をトロッコいっぱいにのせて何度も運んでいたのです。

鉱山の作業場に届いた3日か4日遅れの新聞の一面に真珠湾攻撃が報じられていて、私たち作業員がわきかえったのをおぼえています。

米国と英国、中国への敵対心を徹底的にうえつけられていたんですね。鉱山にくるまで、学校で毎日、この3国の指導者だったルーズベルトとチャーチル、蒋介石の似顔絵つきのわら人形を銃剣でつく練習をしていました。

だから「ルーズベルト見たことか」と手をたたきあいました。敵国に負けてなるものか。「一気にアメリカをたおしてやる」と祭りのようなさわぎになりました。でも、そのときは、戦争の怖さをまだ知らなかった。

44年に海軍の航空兵を志願し、適性検査に落ちて整備科にまわりました。横浜の基地で整備して送りだした戦闘機は、10機中9機が帰ってきませんでした。自分自身も死ととなりあわせ。敵襲を知らせるサイレンが鳴っても防空壕に入ることは許されず、機関銃で上空の米機グラマンをがむしゃらに撃ちました。友が撃たれてもかけよることすら許されませんでした。

終戦間近の45年8月。私は北海道の女満別に送られました。日ソ中立条約をやぶって日本に侵攻していたソビエト軍をむかえ撃つためです。でも、道中で汽車が米軍の銃撃をうけて数時間止まり、到着したのは15日の午後。敗戦を上官から聞き、放心状態で故郷に汽車で帰りました。

戦後70年近くたちましたが、今も時々、眠る前に敵襲がこないかと怖くなります。戦争は、生き残ってもつらいのです。

血のにおう地獄　遺体をかたづけ

紀谷英昭さん（87歳）三重県桑名市

44年3月、旧制中学3年のときに念願の海軍飛行予科練習生に合格し、兵庫県西宮市にあった海軍航空隊に入りました。きびしい訓練と空腹に耐えて1年の教程が終わるころ、分隊長から「貴様らの乗る飛行機はない。本日をもって陸戦隊を編成する。空で死ぬのも陸で死ぬのも国のためには同じだ」と言われました。パイロットにあこがれていたので断腸の思いでした。

それから姫路海軍航空隊に派遣されて1カ月間、滑走路の増設作業に従事しました。当時、作業をしていたのは中年の召集兵の人たち。二等兵の彼らは、食事も着るものも私たちよりひどく、あわれな姿でした。

川西航空機の甲南工場に爆撃があるという情報が入り、緊急疎開の応援に行ったときのこと。午前9時ごろに空襲警報があり、従業員は防空壕へ。私たちは1キロほど先の丘陵地に避難しました。と同時に、爆撃機の編隊が飛来。爆撃は二波、三波と続きました。

工場にもどると、そこは地獄でした。建物は破壊しつくされ、バラバラの遺体がころがっていて。血のにおいがたちこめ、防空壕に避難した人たちもみんな亡くなっていました。遺体のかたづけを手伝い、その夜は食事がのどを通りませんでした。

終戦の3カ月ほど前、特攻要員に選ばれて山口県の海軍潜水学校へ。水中特攻兵器の乗員になる訓練をうけました。大空を飛ぶのが夢だったのに海中にもぐるとは…と思いましたが、軍国少年だったので、1日も早く出撃したかったです。ただ、学校の教材用の老潜水艦がヨタヨタと戦地にでていくのを見たときは、「帝国海軍も終わりに近づいた」と思ったものです。

終戦で故郷の桑名に帰ったら焼け野原。自宅も焼けていました。勝っても負けても、戦争は狂気と地獄そのもの。私が体験したのは、その一端にすぎません。

甲板が血の海に　すべり止めに砂をまいた

藤原　総助さん（90歳）愛知県豊田市

41年、16歳で海軍に志願。翌年、広島県にあった呉海兵団に入団しました。戦況が悪くなりはじめた43年、千人ほどの陸軍兵を1週間ほどかけて運ぶため太平洋上の島国、マーシャル諸島へむかいました。目的地の島が見え「上陸用意」の号令があったとき、船後方に魚雷が命中し、船がかたむきはじめました。米軍の潜水艦から攻撃をうけたのです。

甲板上にでると、すでに長いすべり台のようになっていて、海中へすべりおりました。目の前はあわばかり。必死で犬かきをしました。母を思い出したのをおぼえています。水面にでると、浮いていたブイにつかまり、2時間ほどして助けられました。

終戦の前年からは駆逐艦「霞」(41)に乗船。北は千島列島、南はニューギニアまで行きました。45年には特別攻撃隊として戦艦「大和」(42)と10隻で沖縄をめざしました。

4月7日の昼ごろ、小型戦闘機のグラマンなど約100機が飛来し7回ほど波状攻撃をうけました。私は水雷射手でしたが、対空攻撃のための弾をひたすら運びました。甲板の上の銃座はカバーでおおわれておらず、次々と仲間が撃たれました。甲板が血だらけになり、足元がすべるので、砂をまきながら作業したほどです。一緒に弾を運んでいた同僚が首を撃ちぬかれた姿も目のあたりにしました。

次々と味方の船がやられる中、「大和がしずむぞ」と声が聞こえました。煙におおわれた大和がまっぷたつにおれてしずみました。「帽ふれ」とさけぶ声が聞こえ、帽子をふり、見送ったのを今でもおぼえています。

敗残兵として帰国したことがはずかしく、戦後50年間は戦争の話ができませんでした。10年前から「もう自分も長くない」と体験を書き残しています。

特攻命令　あきれるほどずさんだった

浅野善彦さん（87歳）名古屋市西区

司令官の前に一列にならんだとき、私をふくめた特攻隊員の顔に緊張が走りました。ついに出撃命令がだされると思ったからです。でも、私たちにだされたのは、沖縄を包囲していた米艦隊への魚雷攻撃の命令でした。

「特攻でないなら、生き残れるかもしれない」。その後も特攻を命じられることはなく、幸運にも生き残ることができました。ただ、魚雷攻撃も十分に危険でした。その場にいた70人の若者のうち、終戦まで生き残れたのは20人だけでした。

43年、「国を守ろう」と決意し、16歳で海軍予科練㉔に入隊。すでに日本軍の敗色は濃厚で、日本軍基地が残されていた太平洋のトラック島などで爆撃機の搭乗員として絶望的な戦いに従事しました。

米軍は圧倒的でした。まず、数がちがう。飛行機の性能もちがう。緒戦で活躍したゼロ戦も、戦争末期にはまったく歯がたちませんでした。

44年10月、私は飛行機が全滅したトラック島から潜水艦で本土に帰還しましたが、45年3月、特攻隊員に任命されました。正直、死ぬのはいやでした。それでも、当時は戦争のまっ最中で、私は軍人でした。「国を守るためだ」と必死でした。

終戦後に上官から、8月20日に特攻せよとの命令がでていたことを知らされました。あのタイミングで終戦がなければ死んでいたのです。ですが、おどろいたのは命令のずさんさです。「とにかく燃料がなくなるまで東にむかって飛び続け、なんかあったらつっこめ」という、信じられないほど無謀な命令でした。

何百万人もの若者たちが、そんないいかげんな軍の命令で命を失ったのかと思うと、私は今でも胸が熱くなるんです。もうすぐ戦後70年。私は今、平和の尊さを痛感しています。

戦地からの帰還兵を見送って

武山宏さん（92歳）岐阜市

「おっかぁ、おっかぁ」。終戦後、南方の戦地から送還された患者の兵士が、そう言いながら亡くなる場面を何度も見ました。日本にもどってきた安心感からじゃないかな。見知らぬ土地でのたれ死にするよりはよいのでしょう。

45年2月に、衛生伍長に任官され、静岡県三島市の部隊に配属されました。衛生兵は「ヨーチン（ヨードチンキの略）」とよばれた兵隊で、軍隊の中でも特に楽な仕事とみなされていた。ヨードチンキは、傷に直接ぬったり、一滴だけ水にまぜて下痢の人に飲ませたりすると、効果抜群でした。いつも赤十字の印がついた肩かけかばんに、綿やばんそうこうと一緒に入れていました。

戦後は、週に1回ほど、横須賀に船で送還された患者を木炭バスでむかえに行き、一度に30～40人を乗せて三島の病院に一時収容しました。マラリア、栄養失調、傷病者…。けがといっても、砲撃をうけて片手や片足、両足を失った人や、両目がつぶれた人など、ひどいものでした。

それから、患者を実家近くで入院できるよう、鹿児島や広島、北海道など全国各地に護送する役目もありました。マラリアにかかった兵士を鹿児島の病院まで運び、自宅へ報告にいったときのこと。やせた白髪まじりの60歳くらいの母親がでてきました。

「息子さんは病気だが、まだ生きています。病院に搬送しましたから、顔をだしてあげてください」と伝えると、その母親は聞きとれない方言で話し続け、何度も頭をさげて泣いていた。お礼を言っているんだなと思いました。

今でも、安心したように死んでいった兵士や、あの母親を思いだすと涙がでます。同年兵とは戦後ずっと年賀状をやりとりしてますが、年々減ってしまい、今年も3人から返ってこなかった。非常に心細いけど、自分の宿命か、幸運にも生かされている人生に感謝しています。

ニューギニア　命残ったのは偶然

丹羽千代一さん（96歳）岐阜県関市

従軍したパプアニューギニアで、ともに戦った兵士は約15万人。それが終戦時には1万3千人しか残っていませんでした。栄養失調、病気で死んだ人も多いです。では力強い人がかならずしも生き残ったのかというとちがいます。私が今こうして生きているのも、たまたま運がよかっただけです。

43年2月、私は陸軍第六野戦憲兵隊の編成要員として出征。はじめはマダンの憲兵隊本部に配属されました。

44年春、軍司令部のあるウェワクへ憲兵隊本部も移動せよという命令がでました。このころ、ニューギニアの制空、制海権はとられていました。このとき、隊長以下40人ほどは木造船で先に経由地までむかいましたが、私は補助憲兵2人とともに「残務整理」を命じられました。派遣隊1隊が帰還しておらず、次の命令を伝達する役目があったからです。

木造船が出発した2日後、やっと派遣隊がもどってきました。その後、けわしい森の中を歩いて、ウェワクまでむかいました。どこで敵とでくわすかわからない不安な道程。移動中、まだ新しい敵の靴あとをみつけたこともありました。バナナの木をみつけて昼休憩をとった直後のことです。あの時、「少し休もう」と判断しなかったら…敵とでくわして、高性能の銃であっというまにやられていたでしょう。

ウェワクにつくと、まだ隊長らは到着していませんでした。航行中、敵の攻撃をうけ3、4人が亡くなったとのこと。結局、到着したのは1カ月後でした。

戦争が終わったとき、はじめて必死だった思いがやわらぎました。ふりかえると命が残っていたのは、本当にいろいろな偶然がかさなったからだと感じます。けっして、戦争は勇敢でも華々しいものでもありません。こんなみじめなものは二度とくりかえしてはいけないのです。

命がけの作業　終戦後も続く

菅原右一さん（94歳）滋賀県長浜市

私は海軍第一七警備隊第一二防空隊に所属し、インド洋を通って物資を輸送する船団の護衛任務にあたっていました。45年元日のビルマ沖、カレガック島での戦闘は忘れられません。島には25ミリ二連装機銃3基が配備され、6～8人で1基を担当していました。昼前、英軍機5、6機が島の対岸の橋を爆撃したあと、島へむかって飛んできました。私は、無線で部下たちに敵機の編成や角度を教え「撃て」と命じました。戦闘は15分ほど続きました。敵機は島に仮泊していた船団を爆撃。私の仲間3人も20ミリ機関銃の1発でやられました。1人目は肩を撃ちぬかれ、2人目は太もも、3人目はくるぶしのあたりを撃たれ、2人が死亡。なんとしても敵を討たないと、という気持ちでした。敵機2機を撃ち落とし、相手が逃げて戦闘は終わりました。ですが、同僚を失うのは本当にさびしかった。

終戦を知ったのはタイのノンプラドックにある陸軍駐屯地でした。兵士が銃の菊の御紋章を石でけずっていたのでたずねると、「日本が負けた」ことを知らされました。おどろきました。降伏式で軍刀を英軍将校に渡したときはみんなで涙しました。

終戦後5カ月間は、捕虜としてビルマのムドン収容所で生活しました。兵舎の屋根をふくための大きな葉を1日500枚とったり、船つき場で荷物運びをしたりしましたが、一番いやな仕事は機雷掃海でした。2隻の船の間にはった50メートルほどのワイヤロープに磁気棒をぶらさげての作業でした。いつ爆発するかわかりません。こんなことで死んだらなんのために死ぬのかわからないという思いでした。

戦争で亡くなった人は本当にかわいそう。二度と戦争で犠牲者をだすことがあってはいけません。

仲間が何人もジャングルで飢え死にした

寺田一三さん（92歳）愛知県岩倉市

PAR AVION 2014-2015

　敗色濃厚だった45年の春。私は23歳でした。海軍の衛生兵としてフィリピンのミンダナオ島の基地にいましたが、上陸した米軍に追いつめられて島の奥地へ逃げることになりました。持てるかぎりの食料を持って山中へ。密林の中は昼でも暗く、激しいスコールにも襲われます。道なき道を毎日歩き続けました。食料はすぐに底をつきました。ヘビ、トカゲ、草、木の根…。口に入るものはなんでも食べました。腹がへって、腹がへって。だんだん手足がうまく動かなくなり、頭がはたらかなくて会話もなくなります。体は骨と皮だけ。栄養失調で髪の毛もぬけはじめました。

　仲間がどんどん飢え死にしていきました。木が倒れるみたいに、バタって倒れるんです。死んだのが誰かもわからないまま、死体を放置して先へ進みました。悲しいと思う余裕もなかったし、手をあわせることすらしませんでした。それが普通になってしまうんです。自分が生きるだけで精いっぱいで、正常な判断なんてできませんでしたから。

　8月15日、毎日上空を飛んでいた米軍機の姿が消えました。翌日には空から終戦をしらせるビラがまかれました。それでも上官は「わなだ」と判断し、行軍は続きました。そのころからの記憶はありません。

　10月の半ば、気がついた時は米軍のベッドの上にいました。敗戦が伝えられて山をくだり、捕虜になっていたのです。60キロほどだった体重は35キロになっていました。よく生きていたと思います。日本に帰る船から富士山が見えたときはうれしくて涙が流れました。

　地獄のような日々は、今でも思い出します。戦争とは生きるか死ぬかの世界。過酷でみじめなものです。今の若い人たちには、平和な暮らしを何よりも大切にしてほしいと思います。

ゲリラにかこまれ　死を覚悟した瞬間

大森 喜代男さん（92歳）福井県坂井市

43年1月、21歳で陸軍第一六師団に入り、その年の4月、台湾・高雄経由でフィリピン・マニラへ行きました。通信班に配属され、米軍再上陸にそなえました。

翌年4月、いよいよ米軍がレイテ島に上陸するとの情報が入りました。ところが、私は戦地へ移動中に発熱し、病院へ送りかえされました。レイテの日本軍は全滅し、戦局は完全に米軍のものでした。軍の命令で私たちは北の山岳地帯へ逃げこみました。飢餓や赤痢に苦しみ、米軍の偵察機やゲリラの襲撃におびえながら、ジャングルの中を夢遊病者のようにさまよい歩きました。マンゴーの大木の下により集まるようにして、ひょろひょろの戦友たちが死んでいった光景がよみがえります。地獄絵図でした。

山岳地帯に入って約半年後の45年6月、ついに私にも死を覚悟する瞬間がおとずれました。現地ゲリラにとりかこまれて「もうだめだ」と観念した私は、手りゅう弾の安全ピンをひきぬいて腹におしあてました。「1、2、3、…5」。しかし、なぜか爆発せず、ゲリラの野営地へつれていかれました。

そこには、撲殺された日本兵がころがされていました。次は私の番です。「イカオ、ピリピン、パタイパタイ（おまえフィリピン人を殺しただろう）」。若いゲリラが私の胸にナイフをつき刺そうとした瞬間、30歳ほどの女性が「この人、病気」とさけんだのです。顔は見ていませんでしたが、身ぎれいな人だったことをおぼえています。私は救われました。

その後は米軍の野戦病院で手あつい看護をうけ、46年のおおみそかに故郷の土をふむことができました。とぼとぼと地獄の底を歩いてきましたが、いろんな人の手で生かされたと感謝しています。

今のこの国のありかたに危うさを感じます。戦争は絶対にいけません。戦争でもっとも悲惨な目にあうのは一般のかよわき民衆なのです。肝に銘じてほしいと思います。

中国で負傷　ギリギリで生きのびて

杉田定義さん（94歳）福井県永平寺町

20歳で入隊し、40年12月、中国河北省で初年兵の訓練をうけました。私のときから国内でなく、中国の現地で訓練をうけることになったのです。初年兵の教育期間はつらかった。3カ月間で7、8キロはやせました。毎日なぐられない日はなかったぐらいきびしかった。

45年3月30日に北支那方面軍で大きな作戦があり、負傷しました。麦畑にふせていると迫撃砲弾が自分から2、3メートルのところに落ち、破片がうでを貫通、足も負傷。1時間後には頭に敵の銃弾があたったんです。その瞬間「しまった。いよいよこの世の最期だ」とつくづく親兄弟のことを思いました。

幸い弾はかすっただけですみましたが、衛生兵もこないし分隊長も戦死。敵との距離は500メートルほどと近く、体を動かすとねらわれる感じがする。暗くなるまで待ち、はいながら銃をひきずり、3、4時間かかって2キロほど後方の患者収容所にもどりました。応急手当てをうけると気が楽になったのかまったく動けなくなり、その後は北京の病院に送られ、3カ月入院しました。

終戦後は旧満州に1年あまりいました。ひきあげで佐世保港（長崎県）についたときのうれしさは忘れられません。沖合で停泊、夜が明けたら上陸ということになりました。船室にじっとしていられず甲板にでて佐世保の明かりを見たときは泣けました。

戦争に行って戦争なんてしてはいけないとよくわかりました。87歳で軍隊生活の回顧録を書いたのも子孫や後世にこの体験を伝えたいと思ったからです。日本でも原爆や空襲があったが戦場はまた別。毎日戦闘があり、中国の住民は逃げるばかりで仕事どころではない。家を壊され、流れ弾で負傷したり死んだり。沖縄戦でもわかるように悲惨です。今もシリアでの戦闘が報道されていますが、そこで暮らす住民や子どもたちがかわいそうです。

苦しかった中国大陸の夜

山田元三さん（96歳）愛知県常滑市

日中戦争がどろ沼化していた40年代前半。駐留先の中国大陸で疲弊する陸軍兵士の士気高揚のため、大きな白紙にいきおいよく墨絵を描きました。日本兵にげんこつされるてんぐ鼻のルーズベルト大統領。「いいぞ」と興奮した声があがりました。何度か同様のパフォーマンスをくりひろげました。

常滑焼の火鉢をつくる家の六男に生まれました。幼少から絵が得意で35年、京都の陶磁器関係の研究所に入り、火鉢に絵を描く技を学びました。小柄だったため、「戦地におもむくことはないかも」と淡い期待もありましたが、40年はじめ、あえなく陸軍に召集されました。

弾薬などを輸送する馬の世話をまかされ、中国の内陸部へ進軍。船で長江をさかのぼると数えきれないほど死体が浮かんでいました。砲弾をくぐりぬけ、やっとのことで敵陣を制圧すると、目の前にまっ黒こげの中国兵。死臭で嗅覚がおかしくなり、馬ふんへの嫌悪感もなくなりました。

所属部隊は終戦直前、景勝地で知られる桂林に駐留。45年初夏の夜、突然の照明弾の光に目がくらみました。直後に米軍機の激しい機銃掃射。逃げまどう中、上空から、沖縄陥落をしらせる無数のビラがふってきました。いやおうなしに、米兵と日本人女性が一緒に笑顔をうかべているカラー写真が目に入りました。もう日本は負けるだろう。絶望的な気持ちになりました。

部隊は後退を決定。敵機にみつからないよう移動は夜間でした。しばらくして敗戦。中国軍の捕虜になり、満足に食べられないまま長江の堤防工事を続けました。解放され、常滑にもどったのは46年夏でした。

中国大陸の夜は敵襲や空腹に苦しめられるばかり。電灯の下で寝た夜は1日もなく、かがやく将来は何ひとつ見えてこなかったです。

毛布でくるんだ遺体を貨車から捨てた

木下良明さん（89歳）長野県松川町

どの市町村でも「ゆけ、満州へ」という時代。長野県大鹿村で生まれ育った私も41年6月、15歳で満蒙開拓青少年義勇軍として満州へ渡りました（P.51参照）。

その前の3カ月間、茨城県の内原訓練所で脱腸や肺炎になった仲間を看病したことから、満州では訓練所内の病院勤務を命じられました。脈のはかりかたも知らない子どもが、看護師さんと同じことをやることになりました。みんなは畑をたがやしているのに自分は病院勤務。休憩で訓練所にもどると笑いものにされました。

3年間の訓練所生活を終え、開拓団として訓練所近くに入植しました。45年2月の徴兵検査では、体格のいい人は戦車兵や歩兵になりましたが、私は結局衛生兵にきまり、ハルビンの陸軍病院ではたらきました。

8月15日の夜中に非常召集がかかり、駅に行くと重症患者20人くらいが貨車に乗せられて毛布にくるまっていました。どこに行くのかもわからず、一緒に南へ進みました。

駅も何もないところで止まったかと思うと、亡くなった人を毛布でグルグルまきにして、貨車からなげ落とすのです。衛生兵が4人一組でたんかでうけて、5、6人を穴に埋めました。満州の貨車は高く、下で待ちかまえているときの気分の悪さといったら。

平壌で患者をおろしてから「ひとまず内地に帰るか」というくらいの軽い気持ちで列車に乗り、ソウルにつきました。「銃も階級章もとっていい」と言われやっと戦争が終わったことを知ったのです。

幸運にも誰かに銃をむけたり、人をあやめたりすることはありませんでしたが、毛布でグルグルにまかれた人を埋めたことは、頭から消えません。わけがわからず義勇軍に行って、今考えてみれば、あれはなんだったのかと思います。

句に書けない死地の残酷さ

鈴木錆三さん（90歳）静岡県湖西市

終戦前年の9月、広島県三原市の部隊に機関兵として配属されました。お国のために命をささげたいという一心で、出征前には母に「思ふことなし　秋空を仰ぎ征く」と辞世の句を手渡しました。

翌年1月から韓国の珍島に駐留しましたが、米軍の空襲はしょっちゅうでした。舟艇で食糧をはこぶ任務では3回、死を覚悟しました。操縦士の顔がはっきりと見えるような距離からのねらい撃ちで、舟艇はまっぷたつに折れました。100人ほどがおしあうように乗っていましたが、方々で直撃をうけた戦友の肉片が飛びちり、血がふき出していました。

俳句は16歳から続く趣味で、戦後は反戦の思いをこめて多くの句をつくりましたが、あの光景だけは句に書けません。あんな残酷な光景は思いだすのもいやです。終戦後も1年近く夢にでて、うなされました。

終戦は珍島でむかえましたが、生きのびたことがただはずかしかったです。今でも、生きていることをすなおに喜べません。戦死した仲間に申し訳ないという罪悪感でしょうか。終戦の2カ月後に船で帰国しましたが、「生きて帰ってこられてよかったね」といわれるのが本当につらかったです。

戦時中、死ぬことが怖いと思ったことはありません。殺すか殺されるかの世界で、死の怖さは超越していました。平和な今だからこそ、それが異常な世界だとわかるんです。

集団的自衛権を認める安保関連法案が成立すれば、日本は戦争ができる国にぐっと近づきます。国民は本当に、それでいいと思っているのでしょうか。やっぱり戦争のつらさは体験した人にしかわからないんだと思います。体験した世代の一人として、戦争の実態を俳句で伝え続けていくつもりです。

空母「天城」と原爆の体験

川合正男さん（96歳）浜松市中区

海軍の軍人として、44年8月10日に竣工した空母「天城」（㊸）に乗っていました。敵機にはじめて応戦したのは、翌年3月19日、広島県の呉の軍港に停泊中のときでした。敵の100～200機からの直撃を高射砲にうけ、15人ほどいた砲員は全員戦死。リフト設備は衝撃で陥没し、空母としての機能も失われてしまいました。

7月24日ごろだったと思います。敵の艦載機と大型機が港内にひそんでいた天城を目標に攻撃をしかけ、爆弾3発が命中しました。翌日も攻撃をうけ、戦死者は増えるばかり。昨日まで笑いあっていた友が死にました。炎暑で戦死者からは死臭がただよいました。

天城は3回の空襲で次第に浸水をはじめていました。7月29日、うかんでいた艦のかたむきは次第に大きくなり、大音響とともに横だおしになってしまいました。戦闘中、行方不明の兵隊の遺骸がぽつぽつとうきあがってきたのもこのころです。

8月6日は呉の兵舎にいました。朝、突然閃光がひらめき、しばらくすると「ドドーン」という大音響がしました。北の空を見ると、キノコ雲がもりあがっていました。原爆でした。

午後になって衛生兵を含む200～300人の作業隊を波止場にだせと命令がありました。まもなく広島からの船が到着しましたが、頭髪が焼けただれていたり、ほおがたれさがっていたり、男か女かわからなかったり…。動けない人を300メートル離れた海軍病院に背負って運んだが、途中で死んだ人もいました。

自分たち兵隊は死ぬのはあたりまえだからいいと思っていた。ただ一般人がたくさん死ぬのは見ていられなかった。もう戦争はいけない。子孫には絶対経験させてはならないことです。

沈んだ空母「天城」

広島原爆のキノコ雲（米軍撮影）

青い空奪った原爆きのこ雲

福富敏夫さん（88歳）名古屋市名東区

空にひろがったピンク色のきのこ雲。えたいの知れない不気味さを感じました。45年8月6日の原爆投下。暑い夏がくるたび、あの光景を思いだします。

私は当時、広島・江田島にある海軍兵学校に在籍していました。この日は夜が明ける前にラッパの音で起こされ、訓練にのぞんでいました。ボートで呉の軍港にむかい、到着後は、呉の街を通って、郊外の演習場まで隊列を組んで行進しました。呉の街では、海軍の工場にむかう女子学生の集団とすれちがい、気持ちが高ぶったのをおぼえています。

行進が山に入ったとき、空襲警報が鳴り、私の部隊は林の中に身をかくしました。警報が解除され、再び隊列を組んで出発しようとした直後でした。背後から「ピカッ」と閃光がはしり、一拍おいて「ドーン」と爆音がひびきました。そして、青空をおおいつくすように、きのこ雲があがりました。みんな、けげんに思いながらも、何も語ろうとしませんでした。

翌日に兵学校にもとったあと、あの爆弾が米国の「特殊爆弾」だったと聞かされましたが、原子爆弾とは思いもよりませんでした。上官からは、次の特殊爆弾の投下にそなえるため、白の風呂敷でずきんと覆面をつくって着用するようにと指示がでました。当時はそれで身が守れると思っていました。

あのきのこ雲が原子爆弾だと知ったのは、しばらくしてからです。兵学校から東海地方出身の仲間と故郷に帰るため、広島駅から列車に乗りました。焼け野原にコンクリートの土台があるだけのプラットホーム。あの爆弾が街を一瞬にして消し去ったのだと思いしらされました。今考えると、勝てる見こみのない戦争に日本はいどんでいた、ばかげた戦争だったと思えてなりません。

川を埋めた被爆者の遺体

喜多康巳さん（84歳）大津市

45年3月に陸軍の船舶隊員になり、広島県の江田島で訓練にあけくれる中、8月5日になって「6日夕方に沖縄へ総攻撃してもらう」と言われました。

当日の朝8時すぎ、米爆撃機B29が頭上を飛ぶのを見ました。何かが落ちてきて「材木みたいなのが落ちてきた」と言うて兵舎に入った直後、全身がかっと熱くなる光をあびました。次の瞬間には地ひびきのような音が聞こえました。

爆心地から13キロほどはなれていたようですが、北のほうできのこ雲がもくもくあがっていたのをおぼえています。

すぐに命令をうけて爆心地にむかいました。陸にあがったところに女学生が10人ぐらいおったんです。みんな半そでで皮膚がたれ落ちて顔がまっ赤。「兵隊さん助けて」といわれたけれど、わしらは衛生兵やない。上官の「貴様らおれについてこい」の声でその場をはなれました。

わしらのやったことは死体の処分。川には水面が見えないぐらい人が浮いており、岸にあげて燃やすよう命令されました。「水くれ、水くれ」とうめいていた人に水を飲ませたら5分ともたなかった。横隔膜がどうとか死因を言っていましたが、本当のところはよくわかりません。

広島市内にいたのは13日まで。被爆の影響か終戦直後に原因不明の湿疹が全身にでました。家族で一番丈夫だったのに歯ががたがたになり、心筋梗塞で何回も入院することになりました。それでもまだ生きているということは「もっとこの世に奉仕せえ」ということだと思っています。

戦争はあってはならないというのが本心です。自分の体が続くかぎり、こうした体験を語り続けていきたいと考えています。

被爆者の遺体を海に流した

光成弘さん（92歳）愛知県尾張旭市

　45年8月6日、広島県の陸軍船舶司令部に配属されていた私は、爆心地から4キロはなれた広島港で被爆しました。軍施設にいましたが、カメラのフラッシュをたいたように周囲が光った瞬間にガラスはわれ、部屋中のものがふき飛びました。

　しばらくすると、市街地から港へ被爆者がぞろぞろと歩いてきました。ただれた手の皮が体にくっつかないよう、みなさん一様にうでを前にだしていました。体中血だらけです。建物の中はすぐに瀕死の市民でいっぱいになりました。

「のどがかわいた」と言うもんですから、水を飲ませようとするんですが、のどがやけどではれあがって飲めないんです。うわごとをとなえながらぱたぱたと死んでいきました。火葬や土葬をする余裕もなかったので、無数の遺体を小さな船につみかさねて海に流しました。損傷がひどく、身元がわからない人がほとんどでした。

　翌日、情報収集のためにはじめて爆心地のほうを見にいくと、建物の鉄筋部分を残して、市街地があとかたもなくなっていました。息絶えた母親のそばにいた赤ん坊を、軍の仲間がだきかかえながら困惑していた光景は今でも忘れられません。

　2カ月後に召集解除されるとすぐに体調をくずし、大阪の病院に入院しました。口や肛門からうみが止まらず、半年ほど入院しました。放射能の影響だと思います。戦後10～20年間くらいは、夜になると当時の光景を思いだして眠れない日もありました。

　今ではなんとか体験を話せるようになり、8月2日にははじめて愛知県瀬戸市で講演会をひらきました。戦後70年、当時を鮮明に記憶している被爆者はほとんどいません。戦争はあってはならないということを伝えたい。戦争の苦しみは戦争が終わってもずっと続くんですから。

恩人は指3本の骨だけに

森茂雄さん（93）岐阜県池田町

44年6月29日、中国の大河・北江で出撃準備中に迫撃砲を撃ちこまれました。血まみれの私を助けてくれたのは中隊長。半年治療をうけてもどると、戦死していました。指3本の骨が飯ごうの中に入っていました。このけがで左半身に鉄の破片や石が300粒ほど埋まり、今も痛みます。

不自由な体で生きることは、戦時中よりつらかった。茶畑7反を持ち生産、販売をやってきましたが、孫や子には私のような一生を送らせたくありません。

動かなくなった部下を抱いて夜をすごした

中西弘さん（92）福井県小浜市

44年の1月から太平洋戦争の激戦地、パプアニューギニアの西部戦線で通信の業務にあたりました。過酷な環境で、ほとんどの戦友を失いました。

ある日、薄暗くなったころ、部下2人が「やられた」とさけび、洞窟に飛びこんできました。一晩、動かなくなった2人を両うでに抱いて寝ました。目がさめると、敵艦艇の砲撃でふき飛んだサンゴ礁の破片が2人の腹をやぶり、腸の一部がでていました。その光景は、今も、脳裏にきざまれています。

故郷の話をうわごとのように

広瀬進さん（89）三重県志摩市

43年、17歳のときに海軍軍属として南洋のトラック諸島へ。44年の攻撃で大打撃をうけ、食べものが急に減り、たくさんの人が栄養失調で死んでいきました。

若かった私はトカゲやカタツムリ、ネズミ、ヤシの木の芯など、あらゆるものを食べて生きのびました。薬も栄養も不足した病院では、死ぬ前になるとほとんどの人が故郷のこと、家族のことをひとりごとのように話し、朝には冷たくなっていました。

戦争は愚かな野蛮行為。戦争のない国を守ってほしいです。

甲板が遺体で血だらけに

斉藤 弘さん（92）岐阜県瑞浪市

甲板が血だらけで、背中から撃たれ大きな穴が開いている遺体もありました。45年7月、北海道と青森県を往来する輸送護衛船に乗っていました。

ある朝、警報を聞き甲板にあがると、仲間の船が黄色い煙をあげてしずむのが見え、米軍機のグラマンがむかってきました。応戦した機銃隊20人が撃たれました。遺体を船からおろすのは私たち雑用係の仕事でした。死ぬのが当然。そう思っていたから恐怖はありませんでした。

搭乗艦被弾 海に4時間

古田 良造さん（88）岐阜県飛騨市

44年10月、海軍に志願し搭乗した航空母艦「瑞鶴」が、フィリピン沖で米軍に空と海から攻撃されました。

退艦命令で海に飛びこみ、4時間くらい泳いで助けられました。泳ぎが遅く沈没のうずにまきこまれ、米軍の機銃掃射で死んだ者もいました。

戦争しているときはわからないが、今になるとばかだったなと。志願した自分も思うのだから、徴兵された人はいやだったろうと思います。

魚雷でふき飛ばされた

吉田 義男さん（91）岐阜県郡上市

志願兵として輸送船に乗り組み、父島に物資を陸あげしたとき、空襲をうけました。魚雷が命中し、ふき飛ばされました。自分は20歳で終わるのかと思ったとき、母の顔がうかびました。

私は右脚骨折。炊飯係の非戦闘員の少年は機銃掃射され、私のとなりで、翌日息をひきとりました。

私は運がよかったけど、戦争は悲惨でみじめです。『岸壁の母』（44）の歌のような悲しみを残してはいけません。

原爆直後の広島の光景

岩越健二さん（91）岐阜県大垣市

原爆が投下されたあとの建物ひとつない広島の光景。私が目撃したのは、投下翌日のことでした。並の空襲ではこんなことにはならないと、おどろきました。

豊橋第一陸軍予備士官学校を45年6月に卒業した私は直後、岡山に配属されました。原爆が落とされたあと、小隊をひきいて汽車に乗り、広島駅にむかいました。板で兵舎をつくる仕事を与えられ、もくもくとこなしました。8月15日に敗戦を伝えられましたが、当時はうけとめられませんでした。

人間らしさ環境が奪う

東正司さん（90）三重県紀北町

飛行機の整備員としてむかったフィリピンのルソン島で、米軍の攻撃から逃げまわりました。人間の干物のような姿になり、食料をもとめて現地の農家に盗みに入ったこともありました。

戦後は米軍の捕虜として収容所へ。米兵と笑顔であいさつし、演芸大会で戦友たちともりあがる時間を持ちました。みんなが階段を一段一段のぼるようにおだやかな気持ちをとりもどしていきました。人は環境しだいでよくも悪くもなる。戦争は人間らしさを奪う最悪の環境です。

原爆投下後の広島相生橋（米軍撮映）

9章

8月15日が終わりではなかった

太平洋戦争はどう終わったか

【ポツダム宣言受諾〜玉音放送〜進駐軍】

1945年7月17日〜8月2日、ドイツ東部にある都市ポツダムで、アメリカのトルーマン大統領、イギリスのチャーチル首相（のちアトリー）、ソ連のスターリン書記長が、日本の降伏条件などを話しあいました。協議期間中の7月26日、アメリカ、イギリス、中国（のちにソ連も参加）が、日本に対し降伏をうながす共同宣言（ポツダム宣言）をだします。▽軍国主義をやめ、民主制へ移行すること▽戦争犯罪人の処罰▽連合国（アメリカ、イギリス、フランス、ソビエト連邦、中華民国）による占領▽即時無条件降伏—など13項目を規定しています。日本政府は当初、宣言のうけいれを拒否しましたが、広島、長崎への原爆投下や8月9日未明のソ連による満州侵攻をへて、8月14日夜、これを受諾します。

宣言がでてから受諾までには、政府内部ではげしい議論のやりとりがありました。終戦に持ちこもうとする一部閣僚のうごきに対し、軍内部では直前までクーデターが計画され、ぎりぎりの状態で終戦が決まったことがわかっています。

玉音放送を聞く人々

最後は昭和天皇の「聖断」により、宣言の受諾が決められました。連合国側にポツダム宣言の受諾を伝えたのが8月14日。翌15日正午、昭和天皇自身が「耐えがたきを耐え」でしられる有名な詔書を読みあげた録音を「玉音放送」と題してラジオ放送で流し、終戦のしらせが全国民に伝えられました。玉音は、天皇の声という意味です。ほとんどの国民は、そのときはじめて天皇の肉声を聞いたといわれています。その後9月2日、東京湾にきたアメリカの戦艦ミズーリ号上で降伏文書の調印式が行われ、日本の戦争が正式に終わりました。

45年8月28日、連合国軍が横浜に設置した総司令部（GHQ、9月に東京・日比谷に移動）は、アメリカの陸軍軍人であるマッカーサーを最高司令官とし、戦後の占領政策を主導します。軍国主義の根絶と民主化を実現するため、女性参政権の導入や軍国の廃止、労働者の権利保護、財閥解体など戦後の日本社会の基盤となる一連の改革を次々に断行、10月には、当時の幣原喜重郎内閣に憲法の改正を指示しました。

しかし、政府がしめした改正案は、天皇の統治権を認めるなど大日本帝国憲法の一部修正にとどまる内容だったことから、GHQはこれを拒否。翌46年、GHQが中心となって作成した国民主権、基本的人権の尊重、平和主義を原則とした草案が政府にしめされ、それをもとに改正案が成立します。天皇の裁可をへて46年11月3日に公布、47年5月3日から施行された日本国憲法は、成立以降、一度も改正されることなく現在にいたっています。

GHQは52年4月、サンフランシスコ講和条約の発効にともなって廃止されました。

進駐軍が乗り回していたジープ

空襲も終戦も聞こえなかった

川原孝枝さん（78歳）岐阜県高山市

私には空襲警報が聞こえなかった。

生まれながら耳が不自由な私は、7歳だった1945年4月、高山市の親元をはなれ、岐阜市の県立岐阜ろう学校に入学。寄宿生活をはじめました。

まだ家族が恋しい年ごろ。不安で泣いてばかりでした。ある日の夜、相部屋の10畳間で寝ていると、突然、背中に小きざみの振動を感じました。空襲警報をしらせようと、先生が床板を足でふみ鳴らしていました。あわててとなりで寝ている子をゆさぶり、みなで手をつないで運動場に掘られた防空壕に逃げこみました。

6月になると、親元に帰され、8月15日は、疎開先の金山町（現・下呂市）の伯母の家にいました。

空から紙がふってきて、大人たちが泣いていました。米軍がばらまいた終戦をしらせるビラ。まだ字が読めなかった私には意味がわからなかった。玉音放送がラジオから流れましたが、私には聞こえませんでした。伯母もだまったままで、何がおきたのか知ることができませんでした。

9月にろう学校にもどると、校舎の天井に穴があき、教室の床にこげたあとがありました。運動場には爆弾の筒がならべられ、学校周辺は焼け野原に変わっていてびっくりしました。遊びにいった山で墜落した米軍機のガラスの破片をひろうと、香水のようなにおいがしました。学校によっぱらった米兵が入ってきてさわぎになったこともありました。

私は1年遅れでろう学校に入りましたが、数年遅れで入学する子もたくさんいました。授業の内容も健常児の学校とくらべ遅れていて、当時の聴覚障害者は十分な教育をうけられなかったと思います。戦争について先生から話を聞いたこともなかった。私が敗戦を知ったのは、終戦から6年後の中等部1年のとき。先輩から「米国に負けた」とだけしらされました。卒業後に帰郷。自宅で縫製の仕事をし、29歳で結婚しました。木工会社などでもはたらき、2人の子を育てました。

81年、44歳のとき、聴覚障害者の仲間と旅行で広島の原爆ドームをおとずれました。爆発で死んだ人の写真を見て、恐ろしさがこみあげました。「原爆」というとてつもない爆弾が落とされ、それによって日本が負けたとはじめてわかり、ショックでした。

戦争では、聴覚障害者には何もしらされなかった。その苦しみを知ってほしい。大人になっても、字幕のないテレビから情報を得るのはむずかしく、仕事や子育てにいそがしかったので、新聞を読む時間もありませんでした。同世代の聴覚障害者にも「原爆」を知らないまま年をとった人がいます。戦時中に育った者として、戦争をしない憲法9条は「そのまま守って」と言いたい。音を聞くことはできませんが、戦争の足音に敏感でありたい、そう思っています。

ひもじい生活は戦後も続いた

大川孝次さん（79歳）名古屋市守山区

飲食店の「食べ放題」の文字を見ると、立ち止まってしまいます。戦時中のトラウマが、今でも心の奥に染みついているからでしょう。10歳で終戦をむかえましたが、当時は本当に食べるものがなかった。

小麦粉は小麦の表皮をけずって粉にしますが、その表皮も食べました。「ふすま」といいます。水でかためてだんごにしましたが、まるで砂をかんでいる感じ。サツマイモの種イモも食べました。栄養分のないぬけがら、今では到底食べものとはいえないものでした。

ひもじい生活は戦後も続きましたが、そんな中でも食の楽しみがありました。

名古屋市東区の大曽根にあった闇市（㊺）の近くに、「雑炊食堂」という食堂がありました。20～30人がすわれるくらいの店で、3歳上の兄とよく行きました。子どもだけでも行けるような値段で、どんぶりいっぱいよそってくれました。その雑炊が、とにかくうまかった。

雑炊といっても、どろどろのシチューのようなものです。中に入っていたのがごはんなのか、なんなのか、わかりません。ただ、ピンク色をしていたのをおぼえています。

「米軍の残飯らしいぞ」と、店で食べている人に聞きました。すぐ近くに、米軍キャンプがありました。少し前まで「鬼畜」と憎んでいたアメリカ兵の食べ残し。あくまでうわさでしたが、そんなことは関係なく、食べていました。背に腹はかえられませんでした。

B29の爆撃も、艦載機の機銃掃射も戦争です。ただ、悲劇はそれだけではなかった。なにげない日常の中でも、苦しい思いをしました。飽食の時代といわれる今だからこそ、子どもたちに知ってほしいことです。

進駐軍が民間人を銃撃

加治敏男さん（76歳）名古屋市千種区

終戦のとき、私は7歳。今の三重県いなべ市にいました。子ども心に8月15日で戦争は終わったと思っていました。実際、空襲警報や爆撃機の音はなくなりました。でも、しずかな日々は長くは続きませんでした。

11月だったと思います。通っていた小学校へ、米軍が進駐してきました。

軍用車やトラックに乗り、砂ぼこりをあげて。全員が乗り物に乗っているのにおどろきました。戦時中の軍事教練で上級生が竹やりでついていたわら人形から想像していたのとは大違いです。歩いてさえいなかった。

目的は、学校の西側にあった山の弾薬庫の処理でした。毎日、日中には弾薬を爆破する「ドーン」という音があたりにひびきわたっていました。

米軍は講堂を中心にキャンプをはっていましたが、実は校舎の半分を日本軍に占拠されていた戦時中のほうがきゅうくつでした。

校内で顔をあわせる米兵はいつも笑顔で、チョコレートやチューインガムをくれました。怖くはない。もともと、本格的な軍国教育をまだうけていなかったこともあり、そう思いはじめていました。

そんなある朝、家に「パーン、パーン」とかわいた音が聞こえました。歩いて10分の学校のほうからです。いそいでかけつけると、道ばたにみのをまとった村人が倒れ、黒い道に血が流れていました。その人は米兵の制止を聞かなかったために、日本軍とまちがえられて撃ち殺されたとのことでした。銃撃はその後もありました。

これは終戦後、戦場ではなく、しずかな農村でおきたことです。それでも不審者とみられれば、容赦なく殺されてしまう。いくら普段はニコニコしていても、国どうしが敵対する戦争とはそういうことなのだと思いしらされました。

満州ひきあげ

終戦直前の1945年8月9日、満州国にソ連軍が侵攻しました。関東軍が撤退すると、開拓団など住んでいた多くの日本人が満州国を追われることになりました。

ソ連軍の侵攻が不意打ちだったため、攻撃をうけた日本人たちは混乱しました。鉄道が通る都市部近くにいた人は列車で逃げることができましたが、辺境にいた人々は歩いて逃げるしかありませんでした。途中、ソ連兵や中国人の襲撃をうけることもありました。他国の兵士に捕まるのをこばみ、集団自決するいたましい事案も各地でおきました。

ソ連軍や中国の軍隊に捕まった日本人は、荒れはてた学校や寺院などの建物に収容されました。収容先での食べ物は、コーリャンとよばれる穀物の薄いかゆなどで、衣服も不足していました。発疹チフスなどの感染症が流行し、体力がない幼い子どもや多くのお年寄りが命を落としました。

終戦時、開拓団や義勇軍にいた約27万人のうち、約1万1千人が戦死・自決、約6万7千人が病死し、のちに死亡が確認された人などもふ

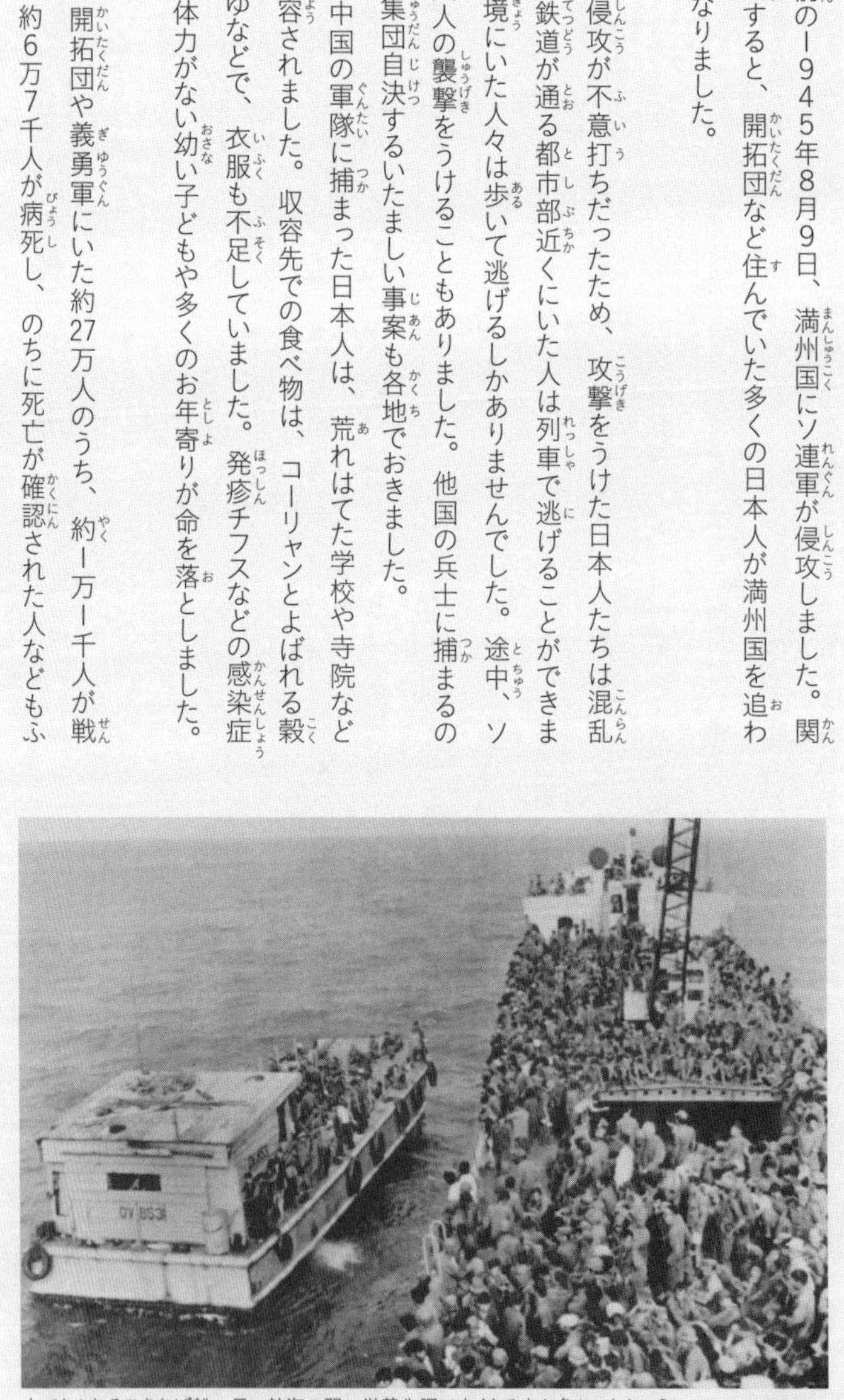

人であふれるひきあげ船。長い航海の間、栄養失調で亡くなる人も多かったという。

くめ、死者数は8万人にのぼったと言われています。

満州国にいた日本人は終戦後もすぐには日本に帰ることができず、本国ひきあげがはじまったのは終戦から9カ月がすぎた46年5月でした。満州国からつれて逃げることができず、中国人家庭に託された乳幼児も大勢いました。戦後、一部の人は日本にもどることができましたが、身元がわからず帰国できないままの人もおり、「中国残留孤児問題」として、戦後の大きな社会問題となりました。

満州からひきあげてきた家族

満州避難生活　母が妹に「死んでくれ」

高垣敏子さん（83歳）愛知県尾張旭市

旧満州で生まれました。14歳のとき、終戦直前のソ連参戦で、行き先もわからないまま一家の避難生活がはじまりました。父と同じ会社の人の社宅に家族で身をよせました。ひとつの家に3家族で、うちは6畳間に両親ときょうだいの7人暮らし。ソ連兵がおしいってきて指輪や時計を奪っていくのは日常茶飯事でしたが、一番恐ろしかったのはその年の秋の夜。

かぎをかけ忘れた裏口から足音が。物置にかくれたけど、みつかってしまう。ソ連兵は、力まかせに私のズボンを、腰のあたりからバリバリッとたてにひきさきました。

何をされるのか、当時はわかりませんでしたが、ただただ怖かった。抵抗しましたが、声がでません。母の「さけべ！」との声が聞こえ、ようやく「助けて！」と。拳銃で左目の上をなぐられましたが、兵隊が規律違反をしられるのを恐れたのか、助かりました。

そんな母の言葉に、耳を疑ったことがありました。

避難がはじまって1年、終戦翌年の8月下旬、日本にひきあげることに。港へむかう長い道中、餓死しない程度の食生活で弱っていた1歳の妹が高熱をだし、血便をしたことがありました。そのとき、母は言いました。「死んでくれ」と。

今思えば、「苦しみながら生きているよりも…」という意味だったのでしょう。それだけ追いこまれていた。

過酷なひきあげを、妹が生きぬけるとは誰も思っていなかった。出発前、近所の人たちには「(ひつぎ代わりに) ミカン箱を持っていけ」と言われました。

みんなで船に乗り、長崎の佐世保につきました。はじめて見る日本は緑に包まれ、すごく美しかったのをおぼえています。

旧満州住民に包囲され恐怖

加藤嘉明さん（81歳）愛知県美浜町

列車にゆられて三日三晩。行けども行けども平野ばかり。見渡すかぎりコーリャンやアワの畑がひろがっていました。旧満州へと渡ったときは7歳でしたが、大陸の大きさを感じました。太平洋戦争がはじまったあとでしたが、おやじと一緒に生活できるという喜びでいっぱいでした。

　おやじは愛知県瀬戸市の出身。陶製人形のデザインをしていました。陸軍から軍用食器をつくる依頼をうけ、20人ほどの職人をつれ旧満州へとおもむきました。現地住民に技術を教え、大量生産できるようにするためでした。

　45年8月15日、玉音放送を自宅で聞いていました。すると、おやじが「負けた。逃げるぞ」と言いだしたのです。すぐに身のまわりの品をつめたリュックと貴重品を持って、陸軍の駐屯地兵舎へと逃げこみました。

　窓の外、7、8メートル先の鉄条網ごしに、おとなしかった現地住民が大挙しておしよせてくる姿が見えました。手にくわや棒を持って「殺してやる」「ばかやろう」と口々にさけんでいました。略奪にきたのです。鉄条網がやぶられたら、自決しろと手りゅう弾を渡されました。今ふりかえると一番怖かったですね。

　ほどなく、ソ連兵が南下してきた。住民による包囲はとけ、助かりました。逃げ遅れた人は現地住民に殺されたらしいです。

　敗戦で立場は完全に逆転しました。これまで指導者としていばっていた日本人が、逆に現地の人に労働者として使われるようになった。戦争に負けるとは、こういうことなんだと実感しました。

　かつて日本がやっていたことのしかえしをされたんです。身をもって実感した。戦争は絶対にやってはいけない。70年たった今でも、そう思うんです。

逃亡か自決か判断せまられる

佐竹数枝さん（90歳）滋賀県彦根市

40年3月に福岡県甘木市（現・朝倉市）の高等女学校を卒業して、タイピスト養成学校に入りました。9月からタイピストとして満州に渡りました。遼陽で建築士としてはたらいていた義兄のすすめでした。

遼陽の陸軍造兵廠の火薬工場で、日本へ送る書類づくりなどの仕事をしていました。

45年8月15日に終戦をむかえ、上司から陸軍病院へ行くように命じられ、青酸カリをつくることを知らされました。ガラス管1本に0・5グラムをつめます。一晩徹夜をして2千5百本つめました。従業員らに配られましたが、後日ほとんどが回収されたときにはほっとしたのをおぼえています。

陸軍がソ連軍と、日本人男性の収容とたちのくかどうかについて交渉した25日に、逃げるか、日本人の子どもが通っていた小学校で自決するかの判断をせまられました。私は逃げることをえらびました。途中、満州人から女性とみられて暴行されないように、はさみで髪を刈れるだけ刈りました。

戦争が終わるととなり組の女の子たちとたばこ売りをしました。姉の着物と満州人のコーリャンを物々交換して食いつなぎました。46年の春にたばこを売っていると、太子河のほうから「パンパン」という銃声がきこえ、トラックがものものしく通っていきました。後日負傷兵や遺体が荷台に横たわっていたと聞きました。

日本へ帰れるとは思っていませんでした。私と姉夫婦、その子どもらで46年6月に遼陽をはなれました。無蓋貨車を乗りつぎ、野宿もしてひきあげ船の出発地だった葫蘆島までたどりついたときには、これで帰れるんだという安心感が生まれました。

戦争では多くの人が殺しあいます。戦争をしないためには政治家たちが努力するべきだと思います。

シベリア抑留

第2次世界大戦で、中立条約をむすんでいた日本とソ連は戦争をしていませんでした。しかし1945年8月8日、ソ連が突如中立条約を破棄して宣戦布告し、満州の国境をつきやぶって攻撃をはじめました。

シベリアで鉄道の建設作業をする日本人

あっというまに満州は占領され、当時中国東北地方やサハリン、千島列島などにいた日本人が身柄を拘束されたうえ、シベリアなどにつれていかれ、強制的にはたらかされました。厚生労働省によると、ソ連にとめおかれた抑留者の数は約57万5千人にのぼり、そのうち約5万5千人が亡くなりました。

「シベリア抑留」の言葉で語られることが多いため、あまり知られていませんが、抑留者はシベリア以外にも、ソ連のほぼ全域とモンゴルにまで拘束されていたことがわかっています。その数は、中央アジアやヨーロッパに近いウクライナの収容所、監獄などをふくめ、約2千カ所。きびしい寒さや食糧不足など劣悪な労働環境におかれ、鉄道の建設や土木作業、農作業などさまざまな作業に従事させられ、多くの人が命を落としました。

46年12月からひきあげがはじまり、日ソ共同宣言がおこなわれた56年12月の京都・舞鶴港への帰還便でひきあげは形の上では完了しましたが、現地で行方不明になった人は少なくありませんでした。現地で帰化した人もいました。

戦後のシベリアが本当の苦難だった

市川柾夫さん（90歳）浜松市天竜区

44年10月、19歳で出征し、旧満州の陸軍部隊に配属されました。憲兵隊司令部に入った直後に終戦をむかえました。「戦争が終わったのか」。脱力感でその場にへたりこんだことをおぼえています。でも、そこからが本当の苦難のはじまりでした。

ソ連兵に「ダモイ」（帰国）と言われ、乗りこんだ列車がむかったのは極寒のシベリア。朝日がのぼる方角から、日本とは逆の西へむかっていると気づきました。持っていた時計などは没収され、ソ連兵が両手に何個もつけてみせびらかしていました。戦争に勝った国、負けた国のちがいを思いしりましたね。

4年5カ月におよんだシベリア生活。氷点下40度の極寒と飢え、強制労働の三重苦に耐えました。3度の食事は小さな黒パン1個とキャベツが少し入ったスープのみ。鉱山にたて穴を掘ったり、森林を切りひらいたり。朝起きると、衰弱して亡くなっていた人もいたと聞きます。本当に苦しい生活で、多くの仲間が命を落としました。

ようやく帰国できたのは25歳のとき。乗りこんだ船が京都の舞鶴港につくと、むかえの家族と一緒に故郷へもどりました。地元の自動車メーカーに就職し、事務員としてはたらきました。

再びシベリアの地をふんだのは、50年以上たってからです。全国強制抑留者協会の慰霊訪問でした。「日本からはなれた寒い場所でご苦労さんだったな」。日本酒とたばこをそなえて手をあわせました。それからは何度も慰霊に行っています。「またきたよ。一緒に帰ろう」と話しかけます。

まだ、多くの遺骨がみつかっていません。せめて墓石だけでも建ててやりたい。これからも体力があるかぎり慰霊を続けて、仲間に語りかけようと思います。

極寒シベリア　耐えた4年間

梶田利男さん（88歳）岐阜県多治見市

「スコーラダモイ」（もう少しで帰れる）。シベリアでの45年からの4年間は、ソ連兵がくりかえすこの言葉を信じ、早く故郷に帰って家族に会いたいの一心ですごしました。

41年、14歳のときに満州開拓のため青少年義勇軍の一員として派遣されました。軍が買いとった現地の人の畑で、トウモロコシや米を栽培しました。

射撃訓練もうけましたが、幸い銃口を人にむける機会はありませんでした。終戦後の45年10月、牛や馬を運ぶ荷車に乗せられ、1カ月かけてシベリアにつれていかれました。

気温は氷点下60度。寝泊まりするところは氷でつくった柱に布をかぶせただけの天幕でした。労働は1日8時間。機関車の燃料にする木を切り、シベリア鉄道増設のためレールをしきました。

いつでもおなかがへっている状態でつらい日々でしたが、みはり役のソ連兵は年齢も近く、親切でした。全員にはがきを配って、家族に手紙を書かせてくれました。兄貴から「元気でおるよ」と返事をもらえたのはうれしかった。

逃げだしても寒すぎて生きていけないことはわかっていました。唯一の楽しみは廃材でつくった笛をふくこと。日本にいたころ流行していた歌謡曲や軍歌をかなでました。

ある日突然「日本に帰れる」といわれ、荷車でナホトカ港につれていかれ、3カ月間、はたらきました。港内が浅くて船が入れないため、海底を掘る一方で、船つき場を高くするため石をつみ、コンクリートでかためました。

「作業が終わったときが帰る日だ」と言われていました。港から船に乗り、京都府舞鶴市まで船底で船酔いに耐えながら2日間ほどかかりました。

極寒の収容所　夜はトイレにも行けず

垣東忠一さん（95歳）福井県小浜市

私のシベリア抑留生活は45年8月の終戦の日から46年12月下旬までの短期間でした。病気が幸いとなって早く帰れたのです。健康ではたらけた人々は、3年も4年も帰れませんでした。私がその期間、抑留生活をしていたとしたら、耐えられずまちがいなく死んでいました。

冬は見渡すかぎり氷づけの銀世界。12月になると大きな川でも凍ってしまい、車が悠々と走るほどです。そんな凍土地帯で、工場建設や石炭掘り、材木の伐採、鉄道保線といった重労働が待っていました。軍の監視のもとで今日を生きるために極寒と戦い飢えにあえぎながら、必死でノルマをこなしました。寒さと栄養不足のため体力は衰え、次から次へと亡くなる仲間。その死体の処理はわれわれでしなければなりません。明日はわが身かと思うと背筋が寒くなってきました。

パン工場でのジャガイモの選別作業が、唯一といっていい最高の仕事でした。空腹を満たすために、作業ズボンのすそをひもでしばり、脚とズボンの間にいっぱいつめこんで知らぬ顔で帰ることができました。

収容所は学校のような建物で、日本人捕虜は800人ぐらい収容されていました。部屋は2段にしきられ、上と下に寝ていました。夜は氷点下何十度にまでさがるのですが、支給されるのは毛布1枚だけでした。

トイレは外にありました。広い校庭のような場所に、2メートル角の深さ2メートルの穴が掘ってあり、その中央に丸太ん棒が2本渡してあるだけ。全員が栄養不足で夜盲症のため、夜は危険でいけません。寝小便をする人もいて、下で寝ている人はたいへんな迷惑でした。

故郷の家族のもとへ生きて帰りたい。そのことだけを考えて、耐えしのんでいた日々でした。

凍った仲間の死体を一晩中温めた

坂田雪男さん（91歳）長野市

私は19歳のとき、旧満州国浜江省の開拓団に単身で参加しました。43年のことです。その後、45年5月に旧ソ連との国境警備の要員として徴兵されました。軍隊では、くる日もくる日も「肉弾攻撃」の練習をさせられました。10キロあまりの爆弾をかかえて敵の戦車に飛びこんで自爆するのです。しかし、直接戦うことはないまま終戦をむかえました。ソ連の捕虜となり、100キロはなれたブラゴベシチェンスクという街の収容所につれていかれました。

ひもじい思いをしたり、寒さにこごえたりしたつらい抑留生活は3年間続きました。そんな中でも一番つらかったのは、同じ日本人の仲間の死体を処理する仕事でした。

炭坑や鉄道建設など過酷な仕事をさせられた人たちだと思うのですが、どこの誰なのかわかりません。死体の表情は苦しそうで、着ていた服はソ連兵にはがされてはだかでした。彼らの両親のことを思うと、「申し訳ないな」「無念だろうな」と胸がしめつけられました。

冬場になると、気温は氷点下40度。カチンカチンに凍った死体がトラックで運ばれてきました。死体は手足が曲がったまま固まっていて、棺おけに入れられない。私たちは2人1組で何十体もの死体を壁に立てかけ、一晩中、ストーブで温めるのです。数時間で凍っていた関節がゆるみ、死体が突然「バタン」と倒れます。仲間がトイレに行っている間は、恐ろしくてしょうがなかった。

先日、中学校で生徒に講演する機会をもらったのですが、「体験を生で聞いたのははじめてです」という感想を聞いて、おどろきました。戦争を語り継ぐ人がいなくなるのは恐ろしいことです。自分の体験を大切にして、これからも後世に伝えていきたいと思います。

戦闘で、極寒で仲間次々失い

兼井成夫さん（90歳）愛知県豊橋市

45年8月11日、旧満州の国境警備隊に所属していた私は、牡丹江近くでソ連軍と戦いました。

本隊は小高い丘の上に陣をはりましたが、私は狙撃兵として、その100メートル手前に小さな穴を掘って身をひそめました。弾薬120発と手りゅう弾5発を持ち、粗末な小銃をかまえ、ひとりで敵を待っていました。

せまってきたのは、ものすごい数の戦車。自動小銃の弾がどんどん飛んでくる。顔をだすと、弾が目の前の石にあたり、顔に破片が直撃します。近くに大砲の弾も落ちましたが、幸いにして不発弾でした。

恐怖心が極限に達したころ、「死ぬならいさぎよく」と思い、途中からは立って狙撃していました。戦闘が終わると、250人の中隊は壊滅し、20人程度になっていました。

その後、牡丹江の北西に転進すると、突然やってきた日本の将校から敗戦を聞かされました。8月17日でした。1週間後、ソ連兵に汽車に乗せられ、シベリアに送られました。農作業や貨車への荷づみなどに従事していましたが、冬の気温は氷点下30度。まばたきすると、上下のまぶたがくっつきます。

食事は少なく、ネズミや野草も食べました。仲間がばたばたと死んでいく。埋葬しようにも、冬は土が凍って穴が掘れない。しかたなく遺体に雪をかけましたが、夜が明けると、野犬が食いちらかしていました。

2年目以降、共産主義教育がさかんになり、しっかり学べば、作業量が減るという話を聞きました。仲間を「同志」と呼び、かつての将校を批判する日々です。今も心は痛みますが、生きるために必死でした。

「ダモイ（帰る）」とソ連兵に言われ、48年11月、ナホトカから船に乗りました。待ち遠しかった舞鶴港。船から日本の山が見え、仲間と抱きあって泣きました。

草も口にして必死で生きのびた

浅野 美行さん（88歳）岐阜県大垣市

「当地も日一日と寒気くわわり氷点下40度近くまでなります。自分もいかなることがあれどもなつかしい生まれ故郷に帰るまでがんばります。自分が帰るまで達者でいてください」

47年暮れ、抑留先のシベリアから岐阜県大垣市の父あてに書いたはがきが残っています。バイカル湖西方の収容所。よくはたらいた者は実家に手紙を書かせてもらえました。「シベリアのことは書いてはならない」とされていて、近況と両親へのいたわりの言葉をペチカの明かりをたよりに書きました。

「満州へ行ったら20ヘクタールの土地がもらえる」

14歳だった41年６月、満蒙開拓青少年義勇軍の隊員募集の説明会に行って、私の人生は変わりました。それまでの志望は国鉄につとめることでした。農家の次男の私は20ヘクタールにひかれました。

岐阜県民でつくる栗田中隊の一員としていざ満州へ。しかし、広大な農地を手に入れるどころか、45年８月９日のソ連侵攻でシベリアに送られました。

こぶしぐらいの大きさの黒パン２５０グラムと飯ごうのふたに注がれるスープが1回の食事のすべてです。ある朝、となりの男が起きてこない。私は死んだのをいいことに食べました。春になると草も口に入れました。となりの収容所では抑留者３人のうち、２人が1人を殺して肉を食べ、いずれも射殺されたことがありました。

生還できたのは、義勇軍として寒さと粗食に慣れていたからです。日本や満州でいい生活をしていた人たちは体がもちませんでした。

48年７月に舞鶴にひきあげ、49年に結婚しました。栗田中隊の慰霊塔は岐阜市の岐阜公園に立っています。３月に家族でおとずれ、仲間の冥福を祈りました。

極限の労働で次々仲間倒れ

林英夫さん（89歳）三重県鈴鹿市

45年4月から、私は見習いの士官として満州の第四二教育飛行隊で訓練をうけていました。本来ならば9月末まで訓練をうけたあと、第一線の部隊に配属される予定だったんです。

8月15日の正午は、ちょうど輸送機で移動中だったので、玉音放送は聞いていません。黒竜江省の拉林に着陸したとき、いつもは仲間から誘導されるのに、そのときはなかった。どうしたんですかとたずねると、「戦争が終わったんだ。どうも負けたらしい」という返事でした。びっくりというか、どういうことなのか実感がわかない状況でした。

部隊の指揮命令系統は混乱し、とりあえず南にある吉林省の新京に仲間3人と降りました。1、2日して、ソ連軍が次々と降りてきて飛行場を制圧。私たちは近くの建物の中に収容され、ソ連軍が食糧や物資を略奪していく様子を見ました。この先どうなるか、想像もつかないままです。

そのまま数カ月がすぎた11月末、ソ連兵から「東京に帰れる」と言われて乗った貨物列車は逆方向の西むきへと走り、ついたのはモスクワの南にあるマルシャンスクの収容所。マイナス20度の寒さの中、森林伐採やガス管埋設などの労働をしいられました。

たくさんの仲間が死んでいく中で「明日帰れるから」と自分に言い聞かせ、希望をつないでいました。帰還したのは48年6月のことです。抑留中に一度だけ三重県鈴鹿市の家族に送った手紙を、母がボロボロのしわだらけにして持っていて「これが唯一の生きがいだったんや」と言われました。

私が連行されたのは、大戦でソ連が日本よりもはるかに多くの死者をだし、労働力が不足していたからです。「戦勝国」といいますが、あの悲惨な戦争に勝者はないと思います。

ランドセル
父が手づくり

田中 弘子さん（76）愛知県豊田市

終戦翌年に小学校に入学。戦後の物資不足で、ランドセルは父親が帆布で手づくり。薄い木の板をはりあわせた筆箱はこわれやすく、鉛筆も紙も質が悪くて字を書こうとするとすぐに紙がやぶれました。

弁当はパサパサの麦ごはんと、つくだ煮や梅干し。弁当を持ってこられない子はみなが昼食をとっている間、校庭で遊んでいました。

先生は元兵隊で、宿題を忘れるとむちでたたかれ、手の甲にみみずばれができました。思いだすと涙がでます。

進駐軍の缶づめ
忘れぬ味

篠田 隆夫さん（83）岐阜市

旧制中学1年のとき、終戦をむかえました。配給される米は少なく、かさを増やすため、おふくろがさいの目に切っただいこんと一緒に弁当に入れてくれました。だけど、学校につくと水分でぐちゃぐちゃになってしまっていた。常にひもじかったです。

食糧難は、戦後も5年ほど続きました。進駐軍が落としたチーズの缶づめをひろって、誇らしげに家に持って帰ったこともあります。それを家族みんなで、つついて食べたことをおぼえています。

初航海は
満州ひきあげ

酒向 一次さん（87）岐阜県美濃加茂市

富山県の商船学校で終戦の日をむかえました。当時の商船学校生は海軍兵としての訓練もうけていて、いちずに「勝とう」と思っていたから、くやしくて泣きながら帰った。いっぽうで「もう死ぬ必要はない」とほっとした部分もありました。

終戦翌年、実習生としての初航海は、満州からのひきあげ船。大勢の女性と子どもを米軍貸与の揚陸艦に乗せました。

卒業後は教員に。「子どもの教育は大切だ」と思ったからかもしれません。

壕中で「殺してあげる」

岸 擴さん（83）浜松市浜北区

終戦の日からが本当の戦争でした。8月20日朝。中学1年の私が身じたくをととのえていたら、パンと銃声が鳴りました。私のいた南樺太の西海岸最大の街、真岡にソ連軍が上陸してきたのです。戦争は終わったのに。みなが逃げまどいました。

「どうせ殺されるのなら、ここで死のう」。逃げこんだ壕の中での大人たちの会話です。見知らぬ女性から「あなたは私が殺してあげるよ」と言われました。僕の命もここまでか…との思いがよぎりましたが、ある先生の言葉を思いだしました。「日本は科学の力が足りず負けた。科学をさかんにし、捲土重来（46）を期さねばならない。死ぬことなど絶対に考えてはならない」

戦争中は、国中でうそのつきっこをします。「最後まで戦うか」「戦います」「死ぬのは怖くないか」「怖くありません」って。どんどん本当のことが言えなくなるのが戦争です。

父と弟を失った逃避行

小川冨士雄さん（77）岐阜県美濃市

父が軍属だったことから42年、旧満州のソ連国境の村に家族5人で入植しました。45年8月8日昼、仕事先にいるはずの父が突然、家に帰ってきました。「えらいことになった。逃げるぞ」。ソ連が攻めこんでくるというのです。

1年2カ月間におよんだ逃避行がはじまりました。弟2人が病気や栄養失調で他界。途中ではぐれた父はシベリアで抑留されて、死にました。生まれたばかりの末の弟を背負う母の後ろ姿が、今も目に焼きついています。

顔に灰ぬり眉毛をそる

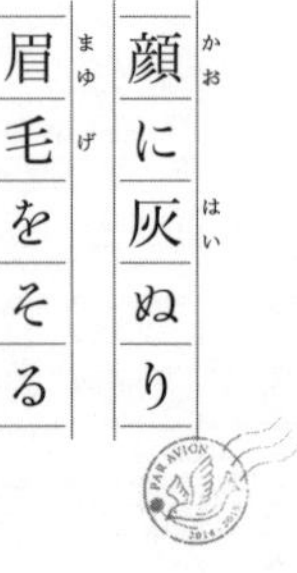

佐々木節子さん（88）静岡県湖西市

中国北部の国境近くで終戦をむかえ、その翌月に旧ソ連軍が南下。ここから地獄がはじまりました。

日本人は略奪にあい、着のみ着のままに。口の中に宝石をかくす人もいましたが、旧ソ連軍は口をこじあけて奪っていきました。私は鉄砲の弾が後頭部にあたり、右耳の聴力を失いました。当時を思いだすと、今でも恐怖で涙がでてきます。旧ソ連軍につれ去られないよう、顔に灰をぬり、眉毛もそりました。とにかく、生きのびることに必死でした。

盗賊の襲撃で死んだ母

大野貞雄さん（81）滋賀県草津市

家族8人で旧満州に渡りました。国民学校5年のときに現地で終戦をむかえ、敗戦を知ったのは9月。町の指導的立場だった校長先生の一家6人は全員自決し、わずか4カ月の男の子も犠牲に。かわいそうで、今も涙なしには語れません。

日本人をねらう盗賊に何度も襲撃されました。父は瀕死の重傷を負い、棒で打ちすえられ寝たきりになった母は帰国前に亡くなりました。南へ逃避行を続け、米軍の貨物船で帰国できたのは翌年9月。博多港へつくと、たけのこ飯のおにぎりをいただきました。

父は帰国後、満州に渡ったせいで「家族に苦労をかけた」と、頭をたたみにこすりつけるように下げてあやまりました。父も本当につらかったんだと思います。

家族5人で走り続けた

高木達彦さん（75）愛知県小牧市

夏がくるたびに旧満州からひきあげたときのことを思いだします。医師だった父と母、それに子ども3人でした。日中は40度近くまで気温があがり、夜は毛布が必要になるほど寒くなります。昼も夜もなく、地平線から地平線に走り続ける逃避行をしました。食事は塩水でふかしたカンパンだけ。常に中国人の報復におびえていました。

家族5人が日本にたどりつき、大阪駅で中華そばを食べました。子ども心に、もう大丈夫と思ったときでした。

銀めしを食べようね

小野寺陽子さん（77）名古屋市北区

凍った地面を泣きながら掘り、衰弱して亡くなった5歳の弟を埋めました。終戦直後、満州の収容所を転々としていたころの記憶です。

収容所では、食べ物がほとんどなく次々に人が死んでいきました。死体は広場につみあげられ油で焼かれました。母は子の亡きがらがそんなふうに扱われるのがいやだったのだと思います。

いつも母は「日本に帰って『銀めし』を食べようね」とはげましてくれました。5人の子をつれて必死だった母を思うと胸がしめつけられます。

ならんだ「土まんじゅう」

徳広 貞夫さん（82）名古屋市瑞穂区

母のひざの上に抱かれた小さな亡きがらでした。1歳と2歳の弟が氷点下20度になる極寒の地で、衰弱して亡くなりました。

終戦を満州でむかえた私は当時12歳。母と弟3人でハルビン郊外の収容所にいました。栄養が足りず、体力のない老人や子どもから死んでいきました。弟2人を失ったときは涙が止まりませんでした。収容所のまわりは遺体に土をかぶせた「土まんじゅう」の墓がならび、その光景が目に焼きついています。

日本への帰路にも多くの命が失われた

池田 雅躬さん（79）愛知県一宮市

終戦の日の夜、日本人が住む満州国では、パンパンという鉄砲玉がはじける音で生活が一変しました。

それまでは、満州電業の発電所長をしていた父ら家族と、なにひとつ不自由のない生活を送っていました。終戦後、朝鮮民族の反乱とソ連兵の略奪におびえる日が続き、日本へと出発できたのは1年後。道中、満員の汽車からふり落とされる人や船上で餓死する人を目にしました。長崎・佐世保港についたとき、持ち物はリュックひとつでした。

「満人」とからかわれた

小川 晴男さん（79）長野県木曽町

満10歳の夏、旧満州で敗戦をむかえ、ソ連軍による乱暴や窃盗団の襲撃に耐え、ひきあげまで苦難の旅が続きました。敗戦時に約900人いた開拓団は病と飢えで半数を失いました。

帰国後もつらい経験が続きました。友達から「満人」とからかわれ、授業についていけないとばかにされました。いわゆるいじめ体験ですが、敗戦時という異常な中でもたらされた不幸なできごとです。子どもの教育も平和があってこそなのだと思いを新たにしています。

中国人が助けてくれた

奥平 重夫さん（92）愛知県豊橋市

旧満州の航空部隊自動車手として終戦をむかえました。ソ連軍の捕虜になりましたが、すきを見て逃げだし、知りあいの中国人農家にかくまってもらいました。

46年春、帰国のための列車に乗りこんだものの、中国共産党軍の野戦病院ではたらくことに。ベトナム付近まで南下するなど10年間各地を転戦。その中で出会った中国人とは、今でも手紙をやりとりします。

中国との諸問題には胸が痛みます。何度も助けてくれた、友人たちですので。

仲間同士で食べものを奪いあった恋飯島

酒井俊夫さん（89）愛知県日進市

陸軍の特攻隊としてマレーシアにいた私たち日本軍11万人は、45年の終戦後、英国軍によってインドネシアのレンパン島に半年間抑留されました。

無人島で、食べものは英国軍から渡されたわずかなカンパンや自生した昆布。毎日ひもじくて「恋飯島」と呼んでいました。仲間同士食料を奪いあい、飢えと病で死んでいきました。餓鬼になりさがった人間ほどみじめなものはない。今自分が生きているのは奇跡です。

オオカミが仲間の遺体を食べた

西彰さん（90）石川県加賀市

死んだ仲間を埋葬しようとしたけれど、土がカチンカチンに凍っていて掘れなかった。くぼ地によこたえた遺体はオオカミに食べられてしまいました。ソ連の捕虜収容所でのできごとです。

旧満州で武装解除後の45年11月、ソ連兵に「東京へ帰れるぞ」といわれ、列車に乗りました。何もうたがわなかったのですが、行き先はシベリア。ネズミやヘビを食べ、運よく助かりました。戦争は殺しあいであり、化かしあい。どんな理由でも許してはあかんのです。

ヘビやカエルで飢えをしのぐ

坪井金二さん（92）福井市

帰りたい。あったかいみそ汁とおにぎりが食べたい。毎日、そう言っていました。終戦後、シベリアに抑留されました。課せられたのは森林伐採。氷点下60度の中、夜明け前から日没後まではたらきました。

朝食は小さいパンと味のないスープだけ。ヘビを焼いたりカエルを煮たりして食べました。脱走を試みて射殺された仲間も。帰国できたのは48年8月。福井にもどる汽車から、緑の山を見て「帰ってきたんだ」と実感したときの気持ちは忘れられません。

あとがき

「子どもたちよ」とラベルをはった青いかごが、みるみる満杯になりました。２０１５年8月の終戦70年をにらみ、その1年前から中日新聞紙上で戦争体験の募集をはじめたところ、３００通近いお手紙がよせられました。空襲の恐怖、空腹のつらさ、戦場での葛藤…。70年も前のこととは思えない詳細な記憶が、その1通1通につまっていました。

取材・執筆には、多くの若い記者があたりました。いただいたお手紙などをもとに直接会いにいき、ときには何時間にもわたって耳をかたむけました。想像を絶する体験そのものと、いま伝えねばという強い思いに圧倒され、おそらく、つきうごかされるように筆を進めたのでしょう。なんの脚色の必要もない、生々しい、研ぎ澄まされた原稿はどれも、デスクとして日ごろ目にしているものとは少しちがって力がこもっていました。読みながら、何度も体がふるえました。

連載は、戦後日本の分岐点となる安全保障関連法案をめぐり、国民の意見が二分する中で回をかさねました。そんな状況下だったこともあってか、体験を語ってくれた多くの人は、「とにかく戦争のない世の中に」と祈るような思いを託してくれました。「これまで誰にも話してこなかったけれど」と、心の奥底にしずめた記憶をはじめて語ってくれた方もいました。

主に取材を担当した一人、細井卓也記者は、特攻で散った戦友からの手紙のうつしを手にわなわなとふるえ、子どものように泣きだした元特攻隊員の姿が頭から離れないと言います。斎藤雄介記者は、生まれたばかりの妹を栄養失調で亡くしたときの母の狂気を語る男性の様子に、今なお残る傷の深さを痛感しました。市川泰之記者は、学徒動員された軍需工場で爆撃をうけた男性から、体にめりこんだままの瓦礫の破片をさわらせてもらい、「70年前のできごとが時間を超えてせまってきた。『戦争はいかん』という言葉に説得力を感じた」と話します。

出版にあたり取材対象者に連絡をとると、鬼籍に入った方、病にふせっている方もいました。残された時間は多くはなく、貴重な体験や記憶を記録することの使命をあらためて感じています。戦争を知らない私たちだけれど、話を聞き、想像することはできる。その体験を、この本を手にしてくださったみなさんと共有できればなによりです。

連載は酒井和人、加藤美喜両デスクと池田が担当しました。取材には１１７人の記者（P.222参照）があたりました。

貴重な時間をさいて取材に協力してくださった方、体験をよせていただきながら紙面の都合で紹介できなかった多くの方にも、心よりお礼を申しあげます。

中日新聞社会部　池田千晶

語釈

①**航空士官**：軍の中で、総司令官にあたる元帥のもとではたらく、少尉以上の階級の隊員を「士官」という。下から順に少尉、中尉、大尉、少佐、中佐、大佐、少将、中将、大将。第2次世界大戦まで日本にあった旧日本軍には、陸軍と海軍とがあり、いずれにも航空隊があった。

②**南方戦線**：1941年、旧日本軍は、米国領であったフィリピンとマレー半島に攻め入り、さらに石油などの資源調達のためジャワ島やスマトラ島を占領した。その後、ビルマからソロモン諸島まで西太平洋広くに戦域をひろげるが、兵や物資の補給が間にあわず、多くの日本兵が南洋の島々で亡くなった。

③**グラマン機**：グラマン社は米国の軍用航空機メーカー。太平洋戦争ではグラマン社製のF6Fヘルキャットという戦闘機が主につかわれた。

④**特攻隊**：特別攻撃隊の略。太平洋戦争中、1944年の末ごろから、体あたりなどの自らを犠牲にする攻撃をおこなった日本陸海軍の部隊。隊員が爆弾をのせた飛行機や船、潜水艇などを操縦し、目標に体あたりして自爆した。

⑤**占領軍**（**進駐軍**）：1945年8月15日の太平洋戦争敗戦後、日本の保障占領のため日本国内に駐留した連合軍のこと。

⑥**軍事**（**軍需**）**工場**：兵器、軍用機、軍用車両や兵器の生産に必要な部品をつくる工場を「軍事工場」といい、さらに燃料や軍服、食料品など軍でつかわれるものをつくる工場をふくめて、広い意味で「軍需工場」とよぶことが多い。

⑦**防空壕**：空襲から避難するため、地中につくられた穴や構造物。山や丘などの傾斜地があるところには全長30mで30人程度を収容することを基本とした横穴式のもの、平地にはふたつきのたて穴式のものが各町村でつくられた。各家庭の庭や床下にも、地下式の防空壕が掘られた。

⑧**疎開**：空襲などの被害をさけるため、

子どもや女性、高齢者は、親戚や知人をたよりに地方へと避難させられた。これを「縁故疎開」という。1944年8月からは、縁故疎開ができない国民学校初等科（現在の小学校）3年から6年生を集団で避難させる「学童疎開」がはじまった。

⑨**配給**：配給とは、食べものなどのかぎりある物資をわりあてて国民にわたすこと。1941年12月、国内のすべての人・ものを戦争のために使おうという「国家総動員法」により、食べものや生活必需品が全面的に配給制になった。

⑩**艦載機**：軍艦に搭載されている航空機のこと。海上から偵察などに飛んできていた。

⑪**機銃掃射**：機関銃で相手を掃きたおすように撃つこと。

⑫**本土決戦**：太平洋戦争末期、米国など連合国が計画した日本全土を対象とする上陸作戦。連合国軍は45年11月に九州、46年3月に千葉県の九十九里浜や神奈川県の湘南海岸などから攻めいり、首都を占領する計画をたてていた。

⑬**東南海・三河大地震**：1944年12月7日午後1時36分、マグニチュード8の東南海地震が愛知・三重・静岡の東海地方をおそった。さらに1ヶ月後の45年1月13日午前3時38分、マグニチュード7の三河地震が愛知県三河地方をおそった。2つの地震は、死者3529人、負傷者6800人、住宅、工場などの全半壊14万8000戸と大きな被害をもたらしたが、情報統制で公表されず、新聞も報じなかった。

⑭**艦砲射撃**：軍艦にそなえつけられた大砲から攻撃すること。

⑮**食糧供出制度**：1942年2月、政府は国民食糧の安定供給と確保を目的として「食糧管理法」を公布。コメ・麦などの主食はもちろん、サツマイモ、ジャガイモ、豆類などの雑穀にいたるまで作付けをわりあて、供出を強制した。戦争末期の農家は、家族の食べるぶんをけずり、山に自生するクズの根まで出すほどだった。

⑯**灯火管制**：太平洋戦争中、市民は防空法により、夜間、敵の戦闘機にみつからないよう、電灯からマッチまですべての明かりを消すことが要求されていた。同じ防空法により、焼夷弾が落ちたら消火活動にあたることが義務づけられており、多くの人が逃げおくれた。

⑰**真珠湾攻撃**：1941年12月8日午前1時半、日本軍350機が米国艦隊の拠点であったハワイの真珠湾を奇襲攻撃。米側は2403人が死亡。この攻撃により、太平洋戦争がはじまった。

⑱**日中戦争**：1937年7月、北京郊外の盧溝橋でおきた発砲事件をきっかけに、日本軍と中国軍が衝突。政府は当初、不拡大の方針をとったが、現地軍はこれを無視して戦線をひろげ、12月には首都・南京を占領、多数の捕虜や住民を殺害した。8年間におよんだ日中戦争での中国犠牲者の数は、中国政府の公式見解によると3500万人。

⑲**大本営**：軍の最高統帥本部。

⑳**教育勅語**：1890年、明治天皇の名で発令された全315字のみことのり（天皇の言葉）。「国に危機があったなら国のため力をつくし、それにより永遠の皇国をささえましょう」というものをふくめ、12の徳目が書かれている。道徳教育に関する基本方針をしめすものとして、文部省から全国の学校に配布され、太平洋戦争終結まで日本の教育の根本精神とされた。

㉑**徴兵**：戦前の徴兵制のもと、男子は20歳になると徴兵検査が義務づけられていた。戦争がないときは、兵役に適すると判定された一部の人だけが徴集されて2年の現役をつとめるのみだった。しかし、戦争がはげしくなり兵力が不足すると、徴兵検査の結果がのった名簿などから召集兵がえらばれ、赤い紙でとどいたことから「赤紙」とよばれた召集令状で戦地にかりだされた。赤紙には配属部隊や召集場所、到着日時などが記され、拒否すると重罪に問われた。

㉒**皇紀二千六百年**：『日本書紀』に記された神武天皇即位の年（紀元前660年）を元年とした暦を「皇紀」という。1940年は皇紀2600年にあたり、全国各地でお祝いの祭典がひらかれた。

㉓**幼年学校**：陸軍の、将校を育てるための教育機関。幼年学校3年、予科士官学校2年の基礎教育のあと、陸軍と航空の士官学校にわかれて2年を経て任官した。幼年学校は東京、仙台、名古屋、大阪、広島、熊本に設置されていた。

㉔**海軍飛行予科練習生**：通称予科練。旧海軍は、若いうちから教育してより多くの熟練パイロットを育てるため、14

歳半から17歳までの少年を全国試験で選抜し、搭乗員としての基礎訓練をおこなった。制度がはじまった1930年から終戦までの15年間で約24万人が入隊、うち約2万4千人が戦地へおもむいた。

㉕**零式艦上戦闘機**：通称ゼロ戦。海軍の要求で三菱重工名古屋航空機製作所の堀越二郎技師らが試作、1940年から実戦でつかわれた日本軍の主力戦闘機。当時の米英戦闘機をしのぐ旋回性、上昇力、航続力を誇り、太平洋戦争当初では世界の最優秀機といわれていた。終戦まで1万430機がつくられたが米新鋭機にかなわず、最後は特攻機としてもつかわれた。

㉖**千人針**：白い木綿の布に赤い糸でひと針ずつぬってぬい玉を作ったもの。戦場へ行く兵士のために、家族や知人が女性千人ぶんのぬい玉を集め、無事を願って贈った。兵士はおまもりがわりに腹にまくことが多かった。

㉗**女子勤労挺身隊**：はたらき手の不足を補うため、1943年、25歳未満の女子を勤労挺身隊に編成。44年にはさらに、学生や既婚者をのぞく12歳以上40歳未満の女性を、植民地だった朝鮮・台湾をふくめ各市町村、団体から選抜し、軍需工場などではたらかせた。

㉘**コークス**：石炭を高熱でむし焼きしたあとに残ったもの。煙が出ず、火力が強い。

㉙**焼夷弾**：「夷」は皆殺しにするという意味。熱をだして燃える薬剤を入れた爆弾。空中から投下して、あたりを焼きはらうのにつかう。

㉚**草薙隊**：名古屋海軍航空隊で編成された80人の特攻部隊。熱田神宮にまつられる草薙の剣から名づけられた。沖縄へ計4回出撃し、63人が命を落とした。

㉛**カッター**：木造の手こぎボート。

㉜**戦死公報**：国からの戦死の通知。通常、役場をとおして家族のもとにとどけられた。とどけるのは役場の兵事係の仕事だった。戦争末期には戦死の確認がむずかしくなり、戦後数年たってからとどけられることも多かった。

㉝**銃後の守り**：「銃後」とは直接戦闘に参加していないものの、戦争を支える一般社会、国民一般のこと。「国家総動

員法」で、すべての国民がさまざまな形で戦争のために力をつくすことを求められた。

㉞**学徒出陣**：兵力の不足が深刻化した1943年、理科系、教員養成系をのぞく20歳以上の大学生・高専生が、学籍をもったまま軍隊にいれられた。このころの大学進学率は3％ほどで、学生はそれまで国の将来をになう人材として徴兵が猶予されていた。6～12万人が出陣したとされるが、資料が失われ、正確な数は今も不明。

㉟**日露戦争**：1904年2月から05年9月まで、日本と帝政ロシアとが、朝鮮と満州の支配権をめぐっておこなった戦争。日本はこの戦争で、台湾、樺太南部、朝鮮を植民地とし、南満州をも勢力範囲とした東アジア唯一の植民帝国となった。

㊱**回天**：日本の敗色が濃くなった1943年、2人の青年士官が「戦局を打開するには体あたりで敵艦をしずめる特攻攻撃しかない」と人間が操縦する魚雷を発案。44年8月、兵器として正式に採用。「天を回らし戦局の逆転を図る」という意味で回天と命名された。全長14.75メートル、直径1メートル。上げ下げ自由の潜望鏡をそなえ、中央部に1人が乗りこみ、潜水艦から発進した。頭部に1.55トンの爆薬がつめこまれ、命中すれば巨艦も一発で撃沈できるといわれた。自爆装置はあったが、脱出装置はなかった。のべ31の潜水艦が計146の回天をつんで出撃し、搭乗員1375人のうち106人が亡くなった。

㊲**蔣介石**：1928年より中国の軍事・政治の実権をにぎっていた人物。第2次大戦終結後、米国の援助をうけて共産党との内戦をはじめ、48年に中華民国総統を名乗った。しかし49年には毛沢東ひきいる共産党軍に敗れて台湾に逃れ、同地で75年死去した。

㊳**シンガポール攻略**：1941年12月、マレー半島に攻めいった日本軍は、南下して42年4月、英国領だったシンガポールを占領。約5万人の華僑を殺害したとされている。作戦の中心部隊は中国戦線から送られていた。

㊴**トーチカ**：コンクリートでつくられた、小型の防御陣地。

㊵**菊の御紋**：天皇家をあらわす菊の花をかたどった紋章。

㊶駆逐艦「霞」：駆逐艦は、海軍が量産した小型の艦艇で、戦艦の護衛や兵隊・物資の輸送などはば広くつかわれた。1945年4月、沖縄周辺の敵艦隊を攻撃するため、戦艦「大和」を中心にした水上特攻部隊の編成が命じられた。「霞」をふくめ8隻の駆逐艦が出撃し、帰還できたのはその半分。水上特攻は、連合艦隊参謀長の「一億総特攻のさきがけになり、立派に死んでもらいたい」との説得のもとすすめられ、「大和」の乗組員をふくめ4千人以上が亡くなった。

㊷戦艦「大和」：太平洋戦争がはじまった直後、1941年12月16日に完成した、全長263メートルの戦艦。名古屋駅のJRセントラルタワーズ（地上51階で高さ245メートル）よりも大きく、世界最大の大砲をつんだ、当時世界最大の戦艦だった。45年4月に九州南西沖で沈没。乗組員3332人のうち、助かったのは276人のみだった。

㊸空母「天城」：空母とは、航空機を多数のせ、海上で航空基地の役割をはたす軍艦のこと。「天城」は1944年8月に竣工したが、出陣しないまま翌年3月の空襲で被災、7月にも空襲にあい転覆した。

㊹『岸壁の母』：1949年に流行した歌。終戦後、ひきあげ船が着く京都・舞鶴港で、いつもどるかも知れぬ息子を待つ母親の姿を歌った。

㊺闇市：戦後の都市の焼けあとに、市民の活力で生まれた自由市場。当時は統制経済のもと、ものの価格が公定価格に定められており、これに違反する商行為だったが、配給だけでは手に入らなかった食料や生活必需品を買うことができ、多くの都市住人が買い出し（生産者や問屋からおろし売りの商品を買いとること）と闇市とで生きのびた。

㊻捲土重来：一度負けた人が、また勢いをもりかえしてくること。

参考文献

『昭和ことば史60年』稲垣吉彦、吉沢典男（講談社）
『昭和史1926―1945』半藤一利（平凡社）
『昭和史事典【事件】【世相】【記録】1923―1983』昭和史研究会（講談社）
『昭和史の事典』佐々木隆爾（東京堂出版）
『新版 戦後引揚げの記録』若槻泰雄（時事通信社）
『新編 日本史辞典』京大日本史辞典編纂会（東京創元社）
『戦時下・愛知の諸記録2015』あいち・平和のための戦争展実行委員会
『戦前・戦中用語ものしり物語』北村恒信（光人社）
『戦時用語の基礎知識』北村恒信（光人社）
『日本軍艦史』（海人社）
『日本史広辞典』日本史広辞典編集委員会（山川出版社）
『日本の空襲 四―六』日本の空襲編集委員会（三省堂）
『日本歴史大事典』（小学館）
『引揚げと援護三十年の歩み』厚生省援護局（ぎょうせい）
『米軍が記録した日本空襲』平塚柾緒（草思社）
『満州開拓史』満州開拓史刊行会
『「満州国」人口統計の推計』山中峰央（東京経済大学会誌）
『援護五十年史』厚生省社会・援護局援護50年史編集委員会（ぎょうせい）
ほか中日新聞記事

筆者一覧（五十音順）

青木孝行
赤野嘉春
浅井貴司
浅野有紀
安部伸吾
天田優里
飯田時生
池田知之
石川由佳理
磯部旭弘
市川泰之
一ノ瀬千広
井上峻輔
井本拓志
植木創太
梅田歳晴
遠藤康訓
大久保謙司
大沢悠
大野雄一郎

太田理英子
大山弘
小椋由紀子
小原健太
織田龍穂
帯田祥尚
小柳津心介
加藤拓
梶山佑
片山さゆみ
片山健生
加藤隆士
角野峻也
神谷円香
河北彬光
河北直行
川崎宏三
河崎裕介
川原田喜子
岸友里

北村希
木原育子
木許はるみ
久間木聡
倉形友理
河野貴子
小坂亮太
木造康博
斎藤雄介
酒井健
酒井博章
境田未緒
榊原大騎
佐久間博康
作山哲平
佐藤浩太郎
佐藤裕介
佐野周平
澤井秀之
澤田佳孝

清水裕介
島将之
嶋村光希子
鈴木あや
鈴木智重
鈴木里奈
宿谷紀子
杉浦正至
角雄記
添田隆典
高橋雅人
高畑章
瀧田健司
武田寛史
立石智保
田中富隆
督あかり
中尾吟
中川耕平
中田誠司

中根真依
中山梓
中山道雄
西田直晃
橋詰美幸
蓮野亜耶
秦野ひなた
畑間香織
林知孝
原田晋也
平井剛
平井孝明
平野誠也
広中康晴
福岡範行
福本英司
福本雅則
藤井雄次
布施谷航
細井卓也

堀井聡子
松野穂波
松村真一郎
間渕文隆
水越直哉
宮崎正嗣
宮沢輝明
武藤周吉
森若奈
安田功
安永陽祐
山内晴信
山中正義
山野舞子
吉川博和
吉野淳一
渡辺健太

子どもたちよ！

きみに伝える私の戦争

2015年12月8日　初版第1刷　発行

編著　中日新聞編集局
挿画　長谷川 古美知
ブックデザイン　idG株式会社
発行者　野嶋 庸平
発行所　中日新聞社
住所　〒460-8511 名古屋市中区三の丸一丁目6番1号
電話　052-201-8811（大代表）
052-221-1714（出版部直通）
振替　00890-0-10番
ホームページ　http://www.chunichi.co.jp/nbook/
印刷　長苗印刷株式会社

定価はカバーに表示してあります。
乱丁・落丁本はお取り替えいたします。

ISBN 978-4-8062-0698-9 C0021